DOUGLAS TUFANO

FERNANDO PESSOA

POESIA

NA SALA DE AULA

© DOUGLAS TUFANO

COORDENAÇÃO EDITORIAL	Maristela Petrili de Almeida Leite
EDIÇÃO DE TEXTO	Janette Tavano
COORDENAÇÃO DE EDIÇÃO DE ARTE	Camila Fiorenza
ILUSTRAÇÕES	Weberson Santiago
DIAGRAMAÇÃO	Isabela Jordani
COORDENAÇÃO DE REVISÃO	Elaine Cristina del Nero
REVISÃO	Andrea Ortiz
COORDENAÇÃO DE *BUREAU*	Américo Jesus
COORDENAÇÃO DE PESQUISA ICONOGRÁFICA	Luciano Baneza Gabarron
PESQUISA ICONOGRÁFICA	Rosa André, Maria Magalhães
TRATAMENTO DE IMAGENS	Bureau São Paulo, Marina M. Buzzinaro
PRÉ-IMPRESSÃO	Vitória Sousa
COORDENAÇÃO DE PRODUÇÃO INDUSTRIAL	Wilson Aparecido Troque
IMPRESSÃO E ACABAMENTO	Log&Print Gráfica e Logística S.A.
LOTE	293281

Dados Internacionais de Catalogação na Publicação (CIP)
(Câmara Brasileira do Livro, SP, Brasil)

Tufano, Douglas
  Fernando Pessoa na sala de aula ; poesia /
Douglas Tufano. – São Paulo : Moderna, 2015. –
(Série na sala de aula)

  ISBN 978-85-16-10190-9

  1. Pessoa, Fernando, 1888-1935 - História e
crítica 2. Poesia portuguesa - História e crítica
3. Sala de aula - Direção I. Título. II. Série.

15-07439   CDD-869.09

Índice para catálogo sistemático:

1. Literatura portuguesa : História e crítica 869.09

Reprodução proibida. Art 184 do Código Penal e Lei 9.610 de 19 de fevereiro de 1998.

Todos os direitos reservados

EDITORA MODERNA LTDA.
Rua Padre Adelino, 758 - Belenzinho
São Paulo - SP - Brasil - CEP 03303-904
Vendas e Atendimento: Tel. (11) 2790-1300
www.modernaliteratura.com.br
2021

SUMÁRIO

8 1. Fernando Pessoa: o menino e o homem
   10 Um novo pai e uma nova família
   11 A vida em Lisboa
   12 O nascimento e os problemas da República
   13 Surge uma garota na vida do poeta
   16 Um prêmio literário e o fim súbito

18 2. As revoluções artísticas no tempo de Fernando Pessoa
   19 Impressionismo
   21 Pós-impressionismo
   22 Expressionismo
   23 Fauvismo
   24 Cubismo
   25 Futurismo
   27 Abstracionismo
   28 Dadaísmo
   29 Surrealismo

32 3. Fernando Pessoa: o poeta múltiplo
   35 Vários poetas em um só poeta: os heterônimos
   38 Fernando Pessoa "ele mesmo"
      39 *Cancioneiro*
      51 *Mensagem*
   56 Alberto Caeiro
   72 Ricardo Reis
   83 Álvaro de Campos

100 Sugestões de atividades

1 FERNANDO PESSOA:
O MENINO E O HOMEM

Fernando Antônio Nogueira Pessoa nasceu em Lisboa em 13 de junho de 1888, dia de Santo Antônio. Seus pais, Maria Madalena Pinheiro Nogueira e Joaquim de Seabra Pessoa, quiseram, então, homenagear o padroeiro de Lisboa e deram ao filho o mesmo nome de batismo do santo.

Sua infância foi marcada por acontecimentos tristes. Seu pai faleceu em julho de 1893, vítima de tuberculose, quando Fernando tinha 5 anos e seu irmão, Jorge, apenas 6 meses. Depois disso, a família começou a passar por dificuldades financeiras. Sua mãe leiloou parte dos bens e se mudou com os filhos para a casa da sogra Dionísia, que era doente mental. Em janeiro de 1894, novo golpe: seu irmãozinho, que estava com apenas um ano de idade, morreu.

FERNANDO PESSOA AOS 10 ANOS.

A Igreja de Santo Antônio, em Lisboa, foi erguida no local onde supostamente ficava a casa em que o santo teria nascido em 1191. O seu nome de batismo era Fernando. Ingressou na Ordem de Santo Agostinho, mas, em 1220, juntou-se aos franciscanos, passando então a adotar o nome de Antônio, pelo qual ficou muito conhecido. Faleceu em 13 de junho de 1231, na cidade de Pádua, na Itália.

Um novo pai e uma nova família

Em 1895, sua mãe se casou com o comandante João Miguel Rosa, cônsul de Portugal em Durban, na África do Sul, onde Fernando Pessoa passou a viver, estudando em escolas de língua inglesa. A família cresceu: em 1896, nasceu sua irmã Henriqueta Madalena. Dois anos depois, ele ganhou mais uma irmã, que recebeu o nome de Madalena Henriqueta. E em 1900, nasceu Luís Miguel.

Estudando em escolas inglesas, Fernando Pessoa progrediu muito. Ingressou no Ensino Médio e destacou-se como um dos melhores alunos. Dominou muito bem o inglês, que se tornou sua segunda língua pelo resto da vida, inclusive no campo literário, pois escreveu muitas poesias em inglês.

Em 1901, morreu sua irmã Madalena Henriqueta, com dois anos e meio de idade. No ano seguinte, Fernando Pessoa, então com 14 anos, dedicou-lhe o poema *Quando ela passa*[1].

Quando ela passa

Quando eu me sento à janela
P'los vidros que a neve embaça
Vejo a doce imagem dela
Quando passa... passa... passa...
Um dia já não passou
O outro também já não
A sua ausência cavou
Ferida no meu coração.
Lançou-me em pesar profundo
Lançou-me a mágoa seu véu:
Menos um ser n'este mundo
E mais um anjo no céu.
Quando eu me sento à janela,
P'los vidros que a neve embaça
Julgo ver a imagem dela,
Que já não passa... não passa...

Em 1904, nasceu Maria Clara, mais uma irmã que viveu apenas dois anos.

---

[1] Todos os poemas reproduzidos nesta obra foram transcritos do livro *Fernando Pessoa: obra poética.* Rio de Janeiro: Aguilar, 1969.

FERNANDO PESSOA EM 1901, AOS 13 ANOS, EM DURBAN, COM A MÃE, MARIA MADALENA, O PADRASTO, JOÃO MIGUEL ROSA, E OS IRMÃOS HENRIQUETA MADALENA E O PEQUENO LUÍS MIGUEL.

A vida em Lisboa

Em 1905, com 17 anos, Fernando Pessoa deixou Durban e partiu sozinho e definitivamente para Lisboa, indo morar com parentes. No ano seguinte, matriculou-se na Faculdade de Letras, mas não se entusiasmou muito com o curso, desistindo em pouco tempo.

Com seu domínio do inglês, passou a exercer a função de correspondente comercial em várias firmas. Já interessado apenas por literatura, procurou empregos que não lhe tomassem muito tempo, para poder assim dedicar-se inteiramente ao que mais gostava de fazer: ler seus autores favoritos e criar sua obra literária, numa vida voltada para a reflexão filosófica e artística. Foi por isso, aliás, que Fernando Pessoa viveu sempre muito modestamente, em quartos alugados ou instalado na casa de algum parente. Nunca teve ambições materiais nem se preocupou em ficar rico.

Começou a frequentar ambientes literários, fazendo contato e amizade com vários escritores e editores e, em 1912, conheceu o jovem poeta Mário de Sá-Carneiro, de quem foi amigo até o fim da vida. Publicou seus primeiros textos, mas não como poeta e sim como crítico. E continuou a escrever poemas, tanto em português como em inglês.

O POETA AOS
20 ANOS.

O nascimento e os problemas da República

Fernando Pessoa testemunhou o fim do regime monárquico e a proclamação da República, em 1910 — fato político marcante do início do século XX, em Portugal. Logo em seguida, o país sofreu também as dificuldades causadas pela Primeira Guerra Mundial (1914-1918), de que participou ao lado dos países aliados.

Na década de 1920, o nacionalismo que empolgava a jovem República sofreu forte influência do fascismo italiano e do nazismo alemão, assumindo uma forma radical que levou ao poder um governo de direita extremamente autoritário: em 1928, começava a ditadura de Oliveira Salazar, que fundou o Estado Novo em 1933. Esse regime ditatorial perdurou até 1974, quando, em 25 de abril, ocorreu a chamada Revolução dos Cravos, que pôs fim a uma das mais longas e opressoras ditaduras da história europeia.

A MARCHA DOS GASEADOS, JOHN SINGER SARGENT, 1918. UMA DAS MAIORES ATROCIDADES DA PRIMEIRA GUERRA MUNDIAL FOI O EMPREGO DO GÁS MOSTARDA COMO ARMA QUÍMICA, QUE PROVOCOU CEGUEIRA E MORTE DE MILHARES DE SOLDADOS.

© John Singer Sargent – Coleção particular

Surge uma garota na vida do poeta

Em 1919, quando faleceu seu padrasto, a mãe e os irmãos voltaram para Lisboa e Fernando Pessoa foi morar com eles. Sua mãe, que já estava adoentada, acabou morrendo em 1925.

A essa altura, ele já era um nome conhecido nos meios literários de Lisboa. Colaborava na imprensa com textos poéticos e artigos de crítica literária. Mas a maior parte de suas poesias continuava inédita.

Em 1920, no escritório em que trabalhava como correspondente comercial, conheceu uma jovem funcionária chamada Ofélia Queiroz. Começaram a namorar em março. Ele tinha 32 anos, e ela, 19.

Profundamente reservado e discreto, Fernando Pessoa não falou a ninguém desse namoro, nem aos familiares. Mas as reviravoltas na sua vida pessoal, o retorno de sua família para Lisboa, as crises existenciais, os estudos de filosofia a que se dedicava e a intensa preocupação com a criação de sua obra literária não deixavam muito espaço para as manifestações sentimentais. As cartas que trocou com Ofélia passaram a revelar a impossibilidade dessa relação. Em 29 de novembro desse ano, Fernando Pessoa escreveu a Ofélia, rompendo o namoro, que durara apenas oito meses:

Quanto a mim... o amor passou. Mas conservo-lhe uma afeição inalterável, e não esquecerei nunca — nunca, creia, nem a sua figurinha engraçada e os seus modos de pequenina, nem a sua ternura, a sua dedicação, a sua índole amorável. (...)

Não sei o que quer que lhe devolva — cartas ou que mais. Eu preferia não lhe devolver nada, e conservar as suas cartinhas como memória viva de um passado morto, como todos os passados, como alguma coisa de comovedor numa vida, como a minha, em que o progresso nos anos é par do progresso na infelicidade e na desilusão.

Peço que não faça como a gente vulgar, que é sempre reles; que não me volte a cara quando passe por si, nem tenha de mim uma recordação em que entre o rancor. Fiquemos, um perante o outro, como dois conhecidos desde a infância, que se amaram um pouco quando meninos, e, embora na vida adulta sigam outras afeições e outros caminhos, conservam sempre, num escaninho da alma, a memória profunda do seu amor antigo e inútil. Que isto de outras afeições e de outros caminhos é consigo, Ofelinha, e não comigo. O meu destino pertence a outra Lei, de cuja existência a Ofelinha nem sabe, e está subordinado cada vez mais à obediência a Mestres que não permitem nem perdoam. Não é necessário que compreenda isto. Basta que me conserve com carinho na sua lembrança, como eu, inalteravelmente, a conservarei na minha.

Fernando

OFÉLIA QUEIROZ NA ÉPOCA EM QUE CONHECEU O POETA.

Mas a relação de amizade entre eles continuou. As portas estavam abertas para uma reaproximação. E isso ocorreu, efetivamente, em 1929, quando reataram o namoro. Só que, também dessa vez, durou pouco: no começo de 1931 ele encerrou definitivamente seu relacionamento com Ofélia. Na vida de Fernando Pessoa, parecia realmente não haver lugar para o amor. Escreveu a Ofélia:

De resto, a minha vida gira em torno da minha obra literária — boa ou má, que seja, ou possa ser. Tudo o mais na vida tem para mim um interesse secundário: há coisas, naturalmente, que estimaria ter, outras que tanto faz que venham ou não venham. É preciso que todos, que lidam comigo, se convençam de que sou assim, e que exigir-me os sentimentos, aliás muito dignos, de um homem vulgar e banal, é como exigir-me que tenha olhos azuis e cabelo louro. E estar a tratar-me como se eu fosse outra pessoa não é a melhor maneira de manter a minha afeição. (...) Gosto muito — mesmo muito — da Ofelinha. Aprecio muito — muitíssimo — a sua indole e o seu caráter. Se casar, não casarei senão consigo. Resta saber se o casamento, o lar (ou o que quer que lhe queiram chamar) são coisas que se coadunem com a minha vida de pensamento. Duvido. (...)

Adeus, Ofelinha. Durma e coma, e não perca gramas.
Seu muito dedicado,

Fernando

FOTO DE FERNANDO PESSOA FEITA EM 1929. OBSERVE, NO VERSO DA FOTO, A BRINCADEIRA QUE ELE FEZ SOBRE SI MESMO A RESPEITO DO HÁBITO DE BEBER: "EM FLAGRANTE DELITRO".

Anos depois, recordando esse segundo período de namoro, Ofélia escreveu:

(...) O Fernando estava diferente. Não só fisicamente, pois tinha engordado bastante, mas, e principalmente, na sua maneira de ser. Sempre nervoso, vivia obcecado com a sua obra. Muitas vezes me dizia que tinha medo de não me fazer feliz, devido ao tempo que tinha de dedicar a essa obra...

Embora a ternura por mim fosse a mesma, eu sentia que o Fernando estava diferente. De resto, já não respondi às suas últimas cartas porque achei que já não eram para responder. Sentia que já não tinham resposta. (...)

Depois do rompimento, ainda mantiveram contato amigável a distância, mas o amor, de fato, acabara. Ofélia continuou sua vida e casou-se em 1938. Faleceu em 1991.

Um prêmio literário e o fim súbito

Em 1934, Fernando Pessoa publicou *Mensagem*, o único livro de poesias em português que lançou em vida (já tinha editado poemas em inglês). Com essa obra, concorreu ao *Prêmio Antero de Quental*, do Secretariado de Propaganda Nacional, e ganhou o segundo lugar.

Nos últimos anos, passou a ter problemas de saúde, sofrendo crises hepáticas que se agravavam com o consumo de álcool. Mas sua produção poética continuava fecunda. Escreveu muitos poemas, mas sem publicá-los. Guardou os originais numa arca, pensando em organizá-los mais tarde. Numa carta particular, revelou a intenção de lançar seu primeiro grande livro de poesias no fim do ano.

Mas em 29 de novembro de 1935 sentiu-se mal e foi internado no Hospital S. Luís dos Franceses com uma violenta cólica hepática. No dia seguinte, 30 de novembro, por volta das 20h30, Fernando Pessoa morreu.

Foi enterrado no Cemitério dos Prazeres, onde ficou até 1985, quando seus restos foram trasladados para o Mosteiro dos Jerônimos.

Fernando Pessoa morreu praticamente ignorado pelo grande público. Aos poucos, porém, suas obras foram sendo publicadas, confirmando o seu nome como um dos mais importantes poetas da literatura em língua portuguesa.

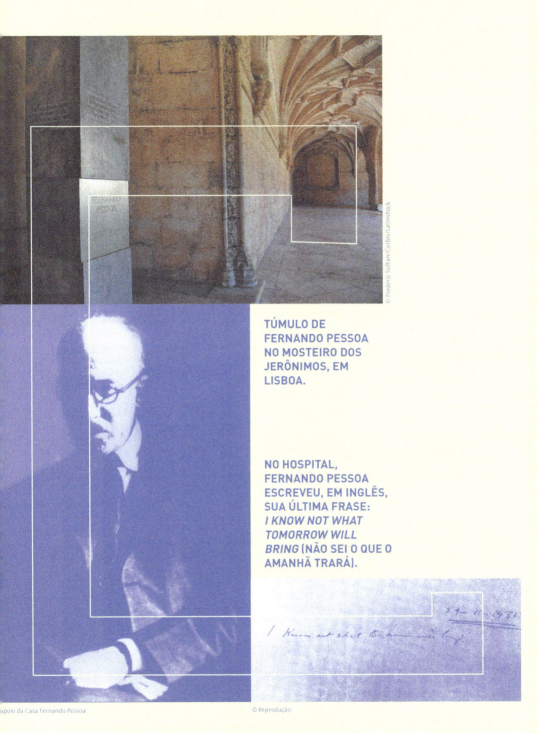

TÚMULO DE FERNANDO PESSOA NO MOSTEIRO DOS JERÔNIMOS, EM LISBOA.

NO HOSPITAL, FERNANDO PESSOA ESCREVEU, EM INGLÊS, SUA ÚLTIMA FRASE: *I KNOW NOT WHAT TOMORROW WILL BRING* (NÃO SEI O QUE O AMANHÃ TRARÁ).

2 AS REVOLUÇÕES ARTÍSTICAS
NO TEMPO DE FERNANDO PESSOA

No final do século XIX, várias manifestações revolucionaram o campo das artes, sobretudo a pintura. Uma delas foi o Impressionismo, que rompeu com o estilo acadêmico e abriu caminho para as tendências modernas que se estenderiam pelas primeiras décadas do século XX.

Depois do Impressionismo, outros movimentos artísticos revolucionários, com diferentes características, provocaram polêmica sobre os próprios conceitos de arte e sobre a função do artista na sociedade. Desenvolvendo-se durante as primeiras décadas do século XX, não tiveram longa duração e vários ocorreram simultaneamente, influenciando uns aos outros e refletindo esse período de inquietação e crise de valores[1].

Impressionismo

O movimento surgiu na França, nos anos 1860, mas ficou conhecido a partir da década seguinte. Seus principais representantes são Monet, Renoir, Pissarro, Degas e Sisley. Embora possam ser agrupados como impressionistas, isso não significa que tenham todos os mesmos traços de estilo. Cada um deles incorporou os princípios do Impressionismo a seu modo.

Fascinados pelos efeitos da luz solar sobre a realidade, os impressionistas tentavam representar na tela o que o olhar captava num certo momento de observação. Por isso, gostavam de pintar ao ar livre, sem se preocuparem com a precisão do desenho ou dos contornos.

Os impressionistas voltaram-se para a vida presente, registrando festas, bailes, momentos de prazer e alegria, como passeios de barco, numa paisagem colorida, banhada de luz.

1 Nota para o professor: pode-se explicar aos alunos que os artistas citados nem sempre permaneceram fiéis aos princípios por eles mesmos adotados em determinados períodos; muitos apresentaram outras características ao longo de sua carreira artística, como Picasso, cuja obra revela constantes mudanças e retomadas de estilo (N. do A.).

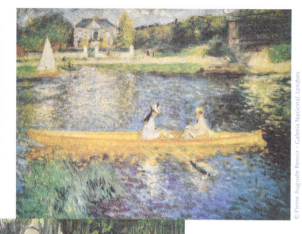

O RIO SENA EM ASNIÈRES, RENOIR, 1879. COM PINCELADAS RÁPIDAS E CURTAS, O PINTOR IMPRESSIONISTA TENTAVA CAPTAR O ESPETÁCULO DAS CORES QUE VIA NA NATUREZA.

DANÇARINA COM BUQUÊ DE FLORES, EDGARD DEGAS, 1878. O MUNDO DAS DANÇARINAS COM SEUS MOVIMENTOS GRACIOSOS, ILUMINADOS PELAS LUZES DOS PALCOS, FOI UM DOS TEMAS PREFERIDOS DE DEGAS.

IMPRESSÃO: SOL NASCENTE, CLAUDE MONET, 1872. FOI O TÍTULO DESSE QUADRO QUE ACABOU GERANDO O NOME PELO QUAL SERIA CONHECIDO O NOVO ESTILO: IMPRESSIONISMO.

Pós-impressionismo

De 1880 a 1910, aproximadamente, destacaram-se alguns pintores que, influenciados pelo Impressionismo, acabaram por desenvolver um estilo todo particular, merecendo menção à parte. Por isso, o nome Pós-impressionismo não designa um estilo, mas uma época, imediatamente anterior ao surgimento dos principais movimentos artísticos que marcariam o século XX. Dos pintores desse período, devemos ressaltar Van Gogh e Gauguin.

NOITE ESTRELADA, VAN GOGH, 1889. O USO ABSOLUTAMENTE PESSOAL DAS CORES TORNA A PINTURA DE VAN GOGH UMA REALIZAÇÃO ÚNICA: NESSA PAISAGEM, O SOL E A LUA PARECEM ABRAÇAR-SE, A LUZ DO DIA SE ALOJA NAS ESTRELAS, AS ÁRVORES PROJETAM-SE PARA O CÉU, UMA AGITAÇÃO CÓSMICA TOMA CONTA DE TUDO.

© Vincent van Gogh – Museu de Arte Moderna, Nova York

PASTORAL TAITIANA, GAUGUIN, 1892. A BELEZA NATURAL DO TAITI E DE SEUS HABITANTES FASCINOU GAUGUIN. NESTA PINTURA, EM VEZ DOS PEQUENOS TRAÇOS DE COR TÍPICOS DOS IMPRESSIONISTAS, GAUGUIN FAZ LARGAS FAIXAS DE CORES HOMOGÊNEAS, PROCURANDO CAPTAR A SUAVIDADE DAS PAISAGENS DOS MARES DO SUL.

© Paul Gauguin – Museu Hermitage, São Petersburgo

Expressionismo

Ao contrário dos impressionistas – mais preocupados com as sutilezas das cores e a representação do real –, os expressionistas voltaram-se para dentro de si para tentar representar suas angústias e emoções por meio da distorção violenta do desenho, da cor forte e do traço exagerado.

O primeiro nome importante do Expressionismo é o norueguês Edvard Munch (1863-1944), a que se seguiram mais tarde Ernst Kirchner (1880-1938), Erich Heckel (1883-1970), entre outros.

O grito, de Munch, é uma das obras mais famosas do movimento. O comentário do próprio autor nos mostra como a produção dessa tela corresponde aos princípios do Expressionismo: "Certa noite, eu caminhava por uma via, a cidade de um lado e o fiorde embaixo. Sentia-me cansado, doente... O sol se punha e as nuvens tornavam-se vermelho-sangue. Senti um grito passar pela natureza; pareceu-me ter ouvido o grito. Pintei esse quadro, pintei as nuvens como sangue real. A cor uivava".

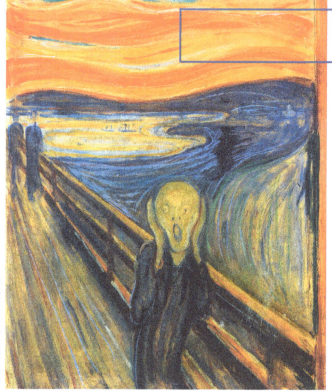

O GRITO, EDVARD MUNCH, 1893.

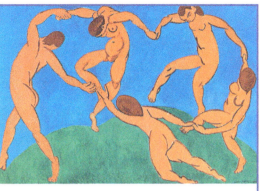

A DANÇA, HENRI MATISSE, 1910. AS TRÊS CORES (VERMELHO-ALARANJADA, VERDE E AZUL) SÃO USADAS NA MÁXIMA INTENSIDADE. OS MOVIMENTOS GRACIOSOS DOS CORPOS TRANSMITEM DINAMISMO E LEVEZA AO CONJUNTO, QUE PARECE FLUTUAR NO ESPAÇO, ENTRE O CÉU E A TERRA, NUMA CIRANDA DE FELICIDADE.

VISTA DO RIO SENA, MAURICE DE VLAMINCK, 1906. COMPARANDO ESSA PINTURA COM AS TELAS IMPRESSIONISTAS, SOBRETUDO COM A DE RENOIR VISTA ANTERIORMENTE, PERCEBEMOS BEM AS DIFERENÇAS ENTRE IMPRESSIONISTAS E FAUVISTAS NA FORMA DE REPRESENTAR A NATUREZA.

Fauvismo

A palavra fauvismo (pronuncia-se "fovismo") vem do francês *fauve* (pronuncia-se "fôv"), que significa fera. Portanto, trata-se de uma designação que lembra algo selvagem, agressivo. Esse nome surgiu depois de uma exposição em Paris no ano de 1905, quando um grupo de jovens artistas apresentou um modo mais arbitrário e violento de usar as cores em suas pinturas, surpreendendo os críticos. Os quadros eram uma verdadeira explosão de tons e traços fortes. O rosto de uma figura podia ser verde ou azul, a grama tornava-se vermelha e o céu, amarelo. Essa ruptura com o modo tradicional de pintar foi considerado selvagem; daí o nome que deram ao movimento, que influenciou também os pintores expressionistas. Entre os fauvistas, destacam-se Maurice de Vlaminck, André Derain e Henri Matisse, o mais importante deles, que reconheceu no grupo a influência de Van Gogh e Gauguin na busca pela independência total da cor.

Cubismo

MONTANHAS EM PROVENCE, PAUL CÉZANNE.

MENINA COM BANDOLIM, DE PABLO PICASSO. O CORPO HUMANO É DECOMPOSTO EM SEGMENTOS GEOMETRIZADOS, NUMA RUPTURA RADICAL COM A FORMA TRADICIONAL DE REPRESENTÁ-LO.

Em 1907, o espanhol Pablo Picasso (1881-1973) e o francês Georges Braque (1882-1963) desenvolveram um estilo chamado Cubismo, em que o artista procura dar simultaneamente várias visões de um tema, tomadas de diferentes ângulos. Há um abandono da perspectiva e os elementos do quadro são estilizados em formas geométricas. Até a representação do corpo humano é feita dessa forma, o que chocou o público em geral.

Com o tempo, outros pintores aderiram a esse estilo, desenvolvendo-o de forma particular. O efeito de estranhamento provocado pelo Cubismo desencadeou muitas críticas e polêmicas, pois rompia violentamente com as seculares leis de composição da pintura europeia. O Cubismo não durou muitos anos, mas abalou as concepções estéticas tradicionais e aprofundou a discussão sobre o conceito de arte, abrindo caminho para experimentações ainda mais radicais ao longo do século XX.

O Cubismo tem origem no traço geometrizante de Paul Cézanne (1839-1906), que, em vez de pintar a natureza tal como a vemos, procura descobrir nela a estrutura geométrica que está por trás, estilizando-a sob a forma de cones, esferas e cilindros. É o que podemos observar no quadro reproduzido na página 24.

Futurismo

A partir de 1909, desenvolveu-se o Futurismo, movimento que nasceu na Itália. Os futuristas negavam a arte do passado, que julgavam irremediavelmente morta, e louvavam as conquistas tecnológicas. Exaltavam o movimento, a energia, a velocidade, procurando integrar a arte naquilo que consideravam o glorioso mundo moderno, feito de violência e rápidas transformações. Diante das atrocidades da guerra, no entanto, o discurso de exaltação da violência militarista logo se tornou ultrapassado.

A palavra-chave desse movimento era *dinamismo*, e sua principal contribuição foi a ideia de sincronicidade na obra de arte, um modo de reunir visualmente aquilo que acontece simultaneamente: som, luz e movimento.

O líder do movimento futurista foi o poeta italiano Filippo Marinetti (1876-1944), que assim escreveu em 1909, no *Manifesto futurista*:

[...] *3. Tendo a literatura até aqui enaltecido a imobilidade pensativa, o êxtase e o sono, nós queremos exaltar o movimento agressivo, a insônia febril, o passo ginástico, o salto perigoso, a bofetada e o soco.*

4. Nós declaramos que o esplendor do mundo se enriqueceu com uma beleza nova: a beleza da velocidade. [...]

EMBICANDO O AVIÃO EM DIREÇÃO À CIDADE, TULLIO CRALI, 1932. O FASCÍNIO DOS FUTURISTAS PELA VELOCIDADE E PELA NOVA TECNOLOGIA É BEM EVIDENTE NESTE QUADRO. REPARE QUE, NESSE TIPO DE REPRESENTAÇÃO DA PERSPECTIVA AÉREA, O ESTILO FUTURISTA DEIXOU SUA MARCA NA PRODUÇÃO GRÁFICA ATÉ OS DIAS ATUAIS.

O Modernismo português sofreu também influências do Futurismo italiano. No cartaz ao lado, anuncia-se uma conferência sobre esse movimento artístico, com destaque para a figura do pintor e escritor Almada Negreiros, vestido à moda futurista. A irreverência dos artistas provocou reações furiosas nos grupos conservadores.

FORMAS ÚNICAS NA CONTINUIDADE DO ESPAÇO, UMBERTO BOCCIONI, 1913. A ESCULTURA REPRESENTA A REALIZAÇÃO DO IDEAL FUTURISTA: EXPRESSAR VIVAMENTE O DINAMISMO E O MOVIMENTO DO CORPO: O SOLDADO PARECE FORÇAR SEU CAMINHO CONTRA O VENTO.

PRAZERES, **KANDINSKY, 1913.**

Abstracionismo

Na primeira década do século XX, surge o Abstracionismo, em que o artista abandona, definitivamente, a representação da realidade exterior. As cores e as formas passam a ser vistas como entidades autônomas, com valor próprio. O quadro deixa de ter a realidade como referencial e vale por si mesmo. É uma superfície com formas e cores, mas sem tema reconhecível. Era a mais radical transformação dos padrões artísticos tradicionais. O quadro não mostrava alguma coisa exterior a ele, não remetia o espectador a nada fora dele. A superfície da tela referia-se a si mesma. Um dos principais nomes do Abstracionismo foi o russo Wassily Kandinsky (1866-1944).

Dadaísmo

Profundamente irreverente e destruidor, o Dadaísmo surgiu em 1916, em Zurique, na Suíça. Seu líder era o romeno Tristan Tzara (1896-1963). Esse movimento revela a descrença num futuro melhor por uma geração marcada pela guerra. Eis um trecho de seu manifesto, de 1918:

[...] *Eu destruo as gavetas do cérebro e as da organização social: desmoralizar por todo lado e lançar a mão do céu ao inferno, os olhos do inferno ao céu, restabelecer a roda fecunda de um circo universal nos poderes reais e na fantasia de cada indivíduo.* [...]

A palavra *dadá*, que deu nome ao movimento, foi escolhida por Tzara casualmente e não tem nenhum significado preciso. Por isso mesmo foi escolhida para batizar esse movimento. O acaso, aliás, era um dos modos propostos pelos dadaístas para "fazer arte". Veja, por exemplo, a receita de Tzara para alguém se tornar um escritor:

PARA FAZER UM POEMA DADAÍSTA
Pegue um jornal.
Pegue a tesoura.
Escolha no jornal um artigo do tamanho que você deseja dar a seu poema.
Recorte o artigo.
Recorte em seguida com atenção algumas palavras que formam esse artigo e meta-as num saco.
Agite suavemente.
Tire em seguida cada pedaço um após o outro.
Copie conscienciosamente na ordem em que elas são tiradas do saco.
O poema se parecerá com você.
E ei-lo um escritor infinitamente original e de uma sensibilidade graciosa, ainda que incompreendido do público.

CAPA DO SEGUNDO NÚMERO DA REVISTA *DADÁ*, EM 1920.

O Dadaísmo foi, sobretudo, uma atitude de protesto radical. Durou apenas alguns anos e provocou muitas polêmicas por sua atitude de negação de todos os valores sociais e artísticos. Para os dadaístas, em pleno horror da Primeira Guerra Mundial, a questão fundamental era: num mundo tão irracional, que sentido poderia ter a arte?

Escandalizar, rejeitar qualquer ordem estabelecida, cultivar o absurdo, expressar livremente os conteúdos da imaginação — eis alguns princípios dadaístas que agitaram o panorama artístico da época. Mais preocupados com a "ação artística" do que com a produção de obras, os dadaístas tornaram-se conhecidos por seus eventos, por suas *performances*. Eis como a historiadora Carol Strickland descreve um evento dadaísta: "Uma noitada dadaísta típica contava com diversos poetas declamando versos *nonsense*[1] simultaneamente em línguas diferentes e outros latindo como cães. Os oradores lançavam insultos à plateia, dançarinos com trajes absurdos adejavam[2] pelo palco enquanto uma menina de vestido de primeira comunhão recitava poemas obscenos".

Surrealismo

Em 1924, o Surrealismo nasceu, de certa forma, da rejeição ao racionalismo e da libertação psicológica propostas pelos dadaístas. Buscava libertar o artista dos limites da razão, propondo a expressão plena dos conteúdos da imaginação e do inconsciente num registro automático, sem nenhuma espécie de censura.

Seu criador, o escritor francês André Breton, escreveu:

[...] A imaginação está talvez a ponto de retomar seus direitos. Se as profundezas de nosso espírito abrigam forças estranhas capazes de aumentar as da superfície, ou de lutar vitoriosamente contra elas, há todo interesse em captá-las, em captá-las desde o início, para submetê-las em seguida, se isso ocorrer, ao controle de nossa razão. [...]

Os surrealistas passaram a explorar a livre associação de ideias, procurando expressar os conteúdos mais profundos da mente. No campo da pintura, o Surrealismo teve grande desenvolvimento, destacando-se Giorgio de Chirico, Salvador Dalí, Marc Chagall, Max Ernst, René Magritte, Joan Miró, entre outros.

1 *Nonsense*: sem sentido, absurdo.
2 Adejavam: saltavam como se voassem.

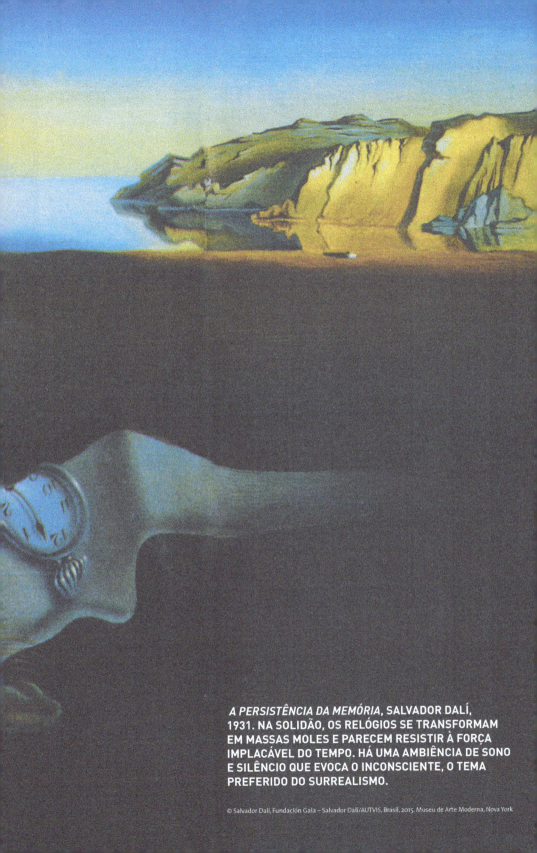

A PERSISTÊNCIA DA MEMÓRIA, SALVADOR DALÍ, 1931. NA SOLIDÃO, OS RELÓGIOS SE TRANSFORMAM EM MASSAS MOLES E PARECEM RESISTIR À FORÇA IMPLACÁVEL DO TEMPO. HÁ UMA AMBIÊNCIA DE SONO E SILÊNCIO QUE EVOCA O INCONSCIENTE, O TEMA PREFERIDO DO SURREALISMO.

© Salvador Dalí, Fundación Gala – Salvador Dalí/AUTVIS, Brasil, 2015. Museu de Arte Moderna, Nova York

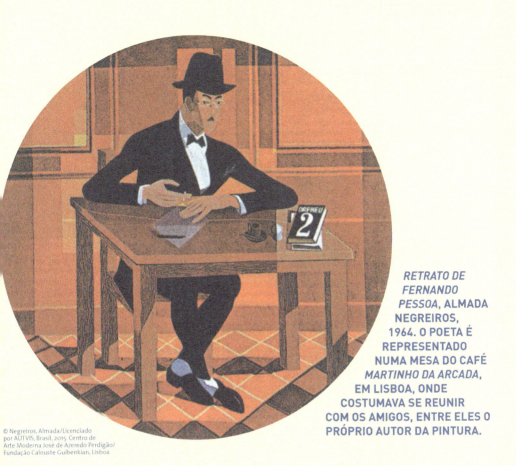

RETRATO DE FERNANDO PESSOA, ALMADA NEGREIROS, 1964. O POETA É REPRESENTADO NUMA MESA DO CAFÉ *MARTINHO DA ARCADA*, EM LISBOA, ONDE COSTUMAVA SE REUNIR COM OS AMIGOS, ENTRE ELES O PRÓPRIO AUTOR DA PINTURA.

Fernando Pessoa esteve atento às iniciativas de renovação literária em Portugal desde os primeiros momentos.

Colaborou no primeiro número da revista *Orpheu*, em março de 1915, considerado o marco inicial do Modernismo português. Esse exemplar foi organizado pelo português Luís de Montalvor e pelo brasileiro Ronald de Carvalho. O projeto também contou com a participação do poeta Mário de Sá-Carneiro, que, junto com Fernando Pessoa, organizou o segundo (e último) número da revista, publicado em junho. As novas propostas artísticas ali expostas provocaram ataques furiosos da imprensa conservadora, que chamou os modernistas de "loucos futuristas". Mas as ideias provocantes dos jovens artistas marcaram presença e abriram espaço para a manifestação de novas concepções estéticas, numa tentativa de integrar Portugal no clima de renovação que agitava o ambiente europeu nessa época.

CAPA DO SEGUNDO NÚMERO DA REVISTA *ORPHEU*.

Mário de Sá-Carneiro (1890-1916) foi um grande amigo de Fernando Pessoa e um dos mais importantes poetas do Modernismo português. A angústia existencial é o tema constante e obsessivo da obra desse jovem e sensível poeta. Abalado por uma crise de depressão, agravada por problemas financeiros, suicidou-se em Paris aos 26 anos.
Perdi-me dentro de mim/ Porque eu era labirinto/
E hoje, quando me sinto,/ é com saudades de mim. (Mário de Sá-Carneiro)

NO DIA DO SUICÍDIO, MÁRIO DE SÁ-CARNEIRO DEIXOU ESTE BILHETE A FERNANDO PESSOA: "UM GRANDE, GRANDE ADEUS DO TEU POBRE MÁRIO DE SÁ-CARNEIRO. PARIS, 26 ABRIL 1916".

Vários poetas em um só poeta: os heterônimos

Fernando Pessoa é um poeta que revela sempre uma aguda consciência por trás dos versos que escreve, recusando-se sempre a uma entrega puramente sentimental ou emotiva.

> Dizem que finjo ou minto
> Tudo que escrevo. Não.
> Eu simplesmente sinto
> Com a imaginação.
> Não uso o coração.

Era muito curioso intelectualmente e interessou-se por filosofia, pelas chamadas ciências ocultas, pelas obras dos grandes poetas portugueses, franceses e ingleses. Foi também um bom conhecedor dos clássicos, e essas leituras refletem-se em sua obra poética.

35

Depois da infância e juventude passadas na África do Sul, Fernando Pessoa retornou a Lisboa. Com exceção das visitas que fazia a familiares em cidades próximas da capital, ele nunca mais viajou para longe de Lisboa. Estava sempre atento ao que se passava em outros países no campo das artes, mas levava uma "vida de pensamento", como mencionou em uma carta. Essa vida reflexiva, inteiramente voltada para dentro de si mesma, expressou-se na criação de alguns heterônimos, em que se desdobra em outras personalidades literárias, com diferentes estilos de expressão, como se dentro dele coexistissem outros poetas.

O JOVEM FERNANDO PESSOA.

Observe a formação destas palavras: heterônimo: hetero (diferente) + onimo (nome); ortônimo: ortos (direito, certo) + onimo (nome); pseudônimo: pseudo (falso) + onimo (nome).

Multipliquei-me, para me sentir,
Para me sentir, precisei sentir tudo.
Transbordei-me, não fiz senão
Extravasar-me.

É importante destacar a diferença entre *pseudônimo* e *heterônimo*. Pseudônimo é apenas um "nome falso", inventado por alguém para ser usado em lugar de seu nome verdadeiro. Heterônimo, porém, tem outro sentido. É uma espécie de personagem criada pelo autor e a quem ele atribui a produção de obras distintas das suas. O heterônimo tem uma forma de expressão e uma visão de mundo próprias. O criador dos heterônimos é chamado de ortônimo. E é exatamente isso que aconteceu com Fernando Pessoa. Ele criou vários heterônimos, dos quais os mais importantes são Alberto Caeiro, Ricardo Reis e Álvaro de Campos. Assim escreveu ele sobre esses heterônimos:

"Construí dentro de mim várias personagens distintas entre si e de mim, personagens essas a que atribuí poemas vários que não são como eu, nos meus sentimentos e ideias, os escreveria. Assim têm estes poemas de Caeiro, os de Ricardo Reis e os de Álvaro de Campos que ser considerados. Não há que buscar em quaisquer deles ideias ou sentimentos meus, pois muitos deles exprimem ideias que não aceito, sentimentos que nunca tive."

Quando tinha seis anos, Fernando Pessoa criou um amigo imaginário chamado Chevalier de Pas, por quem "escrevia cartas dele a mim mesmo", como dirá o poeta, muitos anos depois. Estaria aí talvez a primeira manifestação da imaginação fecunda do futuro poeta, que ficará famoso pela criação de vários heterônimos?

Esses heterônimos não só são autores de obras distintas como ainda trocam correspondência e discutem entre si e com o próprio Fernando Pessoa a respeito de seus versos, de sua visão de mundo etc. Cada um deles tem até uma biografia e características físicas. Tudo isso faz dos heterônimos de Fernando Pessoa um fenômeno único na história da literatura.

As poesias escritas por esses heterônimos, junto com aquelas assinadas como sendo de Fernando Pessoa, formam a obra poética mais importante da literatura portuguesa. Nas palavras do crítico Adolfo Casais Monteiro: "E, se há um drama visível na poesia de Fernando Pessoa, é sem dúvida o da impiedosa lucidez; a riqueza imensa dessa obra, talvez sem igual em toda a nossa literatura pela profundidade do olhar que mergulha até às raízes, pela genialidade da transposição estética do drama psicológico, não é sem dúvida uma riqueza lírica no sentido corrente deste termo, isto é, pura expressão emocional. Merece a poesia de Fernando Pessoa, como a de ninguém, a designação de poesia da inteligência, quando por isto não se entenda que ela seja menos poesia".

Fernando Pessoa "ele mesmo"

Cancioneiro

Sob o título *Cancioneiro* estão reunidas as poesias assinadas por Fernando Pessoa e não por algum heterônimo, como veremos a seguir. No caso daquelas que não têm título, optamos por colocar, entre colchetes, o primeiro verso da poesia.

1
[Ó sino da minha aldeia]

Ó sino da minha aldeia,
Dolente[1] na tarde calma,
Cada tua badalada
Soa dentro da minha alma.

E é tão lento o teu soar,
Tão como triste da vida,
Que já a primeira pancada
Tem o som de repetida.

Por mais que me tanjas[2] perto
Quando passo, sempre errante,
És para mim como um sonho.
Soas-me na alma distante.

A cada pancada tua,
Vibrante no céu aberto,
Sinto mais longe o passado,
Sinto a saudade mais perto.

*

As recordações e as saudades de um tempo passado são trazidas à mente pelo toque dos sinos. Mas essa "aldeia" não é um lugar real no espaço, um ponto geográfico. É, na verdade, um espaço existencial. Fernando Pessoa, aliás, escreveu certa vez que o sino de sua "aldeia" era o sino da Igreja dos Mártires, em Lisboa, onde ele foi batizado.

1 Dolente: doloroso, lastimoso.
2 Tanjas: forma do verbo tanger, que significa soar, ressoar.

IGREJA DOS MÁRTIRES.

2
[Tenho tanto sentimento]

Tenho tanto sentimento
Que é frequente persuadir-me[1]
De que sou sentimental,
Mas reconheço, ao medir-me[2],
Que tudo isso é pensamento,
Que não senti afinal.

Temos, todos que vivemos,
Uma vida que é vivida
E outra vida que é pensada,
E a única vida que temos
É essa que é dividida
Entre a verdadeira e a errada.

Qual porém é verdadeira
E qual errada, ninguém
Nos saberá explicar;
E vivemos de maneira
Que a vida que a gente tem
É a que tem que pensar.

*

Novamente, o poeta se pergunta sobre as fronteiras do sentir e do pensar. Seria possível "pensar" o sentimento?

---

1 Persuadir-me: **convencer-me**.
2 Medir-me: **analisar-me**.

3
Autopsicografia[1]

O poeta é um fingidor.
Finge tão completamente
Que chega a fingir que é dor
A dor que deveras[2] sente.
E os que leem o que escreve,
Na dor lida sentem bem,
Não as duas que ele teve,
Mas só a que eles não têm.
E assim nas calhas de roda[3]
Gira, a entreter a razão,
Esse comboio de corda[4]
Que se chama o coração.

*

Poema central na obra de Fernando Pessoa, *Autopsicografia* expressa a ideia de que o poeta é aquele que "finge" um sentimento. A poesia não é a expressão pura do sentimento mas a sua recriação por meio da palavra artística. O leitor, por sua vez, ao ler a dor expressa ("dor lida") sente o efeito que nele produz a criação poética. Na última estrofe, o poeta fecha seu raciocínio tratando dos dois polos da criação artística: o coração (os sentimentos, as sensações que fazem nascer o poema) e a razão (onde nasce a construção poética). Mas o coração é comparado a um trenzinho que anda nos trilhos, isto é, que não fica fora do controle da razão, ou seja, do fazer poético. É, portanto, a inteligência (razão) que explica como se realiza a criação poética, que não é a simples confissão pura e direta dos sentimentos. O título do poema nos remete à ideia de que foi por meio da autoanálise que o poeta chegou a essa concepção da construção poética. Examinando-se a si mesmo, percebeu como nasce o poema.

---

1 Autopsicografia: auto (próprio) + psico (alma) + grafia (escrita). Portanto, autopsicografia significa "escrita ou descrição da própria alma".
2 Deveras: realmente.
3 Calhas de roda: trilhos de um trem de brinquedo.
4 Comboio de corda: trenzinho infantil movido ou puxado por uma corda.

LE PAYSAGE DE BOUCIS, RENÉ MAGRITTE.

4
[Chove? Nenhuma chuva cai...]

Chove? Nenhuma chuva cai...
Então onde é que eu sinto um dia
Em que o ruído da chuva atrai
A minha inútil agonia?

Onde é que chove, que eu o ouço?
Onde é que é triste, ó claro céu?
Eu quero sorrir-te, e não posso,
Ó céu azul, chamar-te meu...

E o escuro ruído da chuva
É constante em meu pensamento.
Meu ser é a invisível curva
Traçada pelo som do vento...

E eis que ante o sol e o azul do dia,
Como se a hora me estorvasse,
Eu sofro... E a luz e a sua alegria
Cai aos meus pés como um disfarce.

Ah, na minha alma sempre chove.
Há sempre escuro dentro de mim.
Se escuto, alguém dentro de mim ouve
A chuva, como a voz de um fim...
Quando é que eu serei da tua cor,
Do teu plácido e azul encanto,
Ó claro dia exterior,
Ó céu mais útil que o meu pranto?

*

As interrogações que marcam esses versos revelam as inquietações do poeta. A chuva é uma metáfora para seu interior, para sua alma sempre escura, que contrasta com o dia azul e plácido que há fora dela.

CARICATURA DE FERNANDO PESSOA FEITA POR ALMADA NEGREIROS.

5
O menino da sua mãe

No plaino[1] abandonado
Que a morna brisa aquece,
De balas trespassado[2]
— Duas, de lado a lado —,
Jaz morto, e arrefece[3].
Raia-lhe a farda o sangue[4].
De braços estendidos,
Alvo[5], louro, exangue[6],
Fita com olhar langue[7]
E cego os céus perdidos.
Tão jovem! Que jovem era!
(Agora que idade tem?)
Filho único, a mãe lhe dera
Um nome e o mantivera:
"O menino da sua mãe".
Caiu-lhe da algibeira[8]
A cigarreira breve[9].
Dera-lhe a mãe. Está inteira
E boa a cigarreira.
Ele é que já não serve.
De outra algibeira, alada
Ponta a roçar o solo,
A brancura embainhada[10]
De um lenço... deu-lho a criada
Velha que o trouxe ao colo.
Lá longe, em casa, há a prece:

1 Plaino: planície.
2 Trespassado: atravessado.
3 Arrefece: esfria.
4 Raia-lhe a farda o sangue: o sangue escorre e risca-lhe a farda.
5 Alvo: branco.
6 Exangue: sem sangue.
7 Langue: abatido, sem vida.
8 Algibeira: bolso.
9 Breve: pequena.
10 A brancura embainhada: o lenço tinha uma bainha branca.

"Que volte cedo, e bem!"
(Malhas[1] que o Império tece!)
Jaz morto, e apodrece,
O menino da sua mãe.

*

O contraste entre as lembranças afetuosas da vida em família e o trágico destino do jovem soldado ressalta ainda mais a crueldade e a estupidez das guerras.

1 Malhas: tramas.

COLHEITA – CEIFEIRAS, ANTÓNIO DE CARVALHO DA SILVA PORTO, 1893.

6
[Ela canta, pobre ceifeira]

Ela canta, pobre ceifeira[1],
Julgando-se feliz talvez;
Canta, e ceifa, e a sua voz, cheia
De alegre e anônima viuvez,

Ondula como um canto de ave
No ar limpo como um limiar,
E há curvas no enredo suave
Do som que ela tem a cantar.

---

1   Ceifeira: camponesa que corta e colhe cereais, ervas etc.

Ouvi-la alegra e entristece,
Na sua voz há o campo e a lida[1],
E canta como se tivesse
Mais razões pra cantar que a vida.

Ah, canta, canta sem razão!
O que em mim sente 'stá pensando.
Derrama no meu coração
a tua incerta voz ondeando!

Ah, poder ser tu, sendo eu!
Ter a tua alegre inconsciência,
E a consciência disso! Ó céu!
Ó campo! Ó canção! A ciência

Pesa tanto e a vida é tão breve!
Entrai por mim dentro! Tornai
Minha alma a vossa sombra leve!
Depois, levando-me, passai!

*

Apesar do trabalho duro, a ceifeira canta, pois separa o *pensar* do *sentir*, ao contrário do poeta, que diz: "O que em mim sente 'stá pensando", isto é, ele não consegue deixar de refletir sobre os seus sentimentos. Essa inconsciência pode trazer felicidade à ceifeira ("Julgando-se feliz talvez"), enquanto a consciência não permite felicidade ao poeta. Mas além da inconsciência e da inocência da ceifeira, o poeta gostaria de ter também, ao mesmo tempo, a consciência de ser inconsciente ou inocente. Mas isso é impossível, ele está condenado a saber ("A ciência / Pesa tanto"). Seu desejo seria livrar-se de tudo, ser invadido pelo céu, pelo campo, pela canção, para ser transformado internamente e poder, assim, ser levado para sempre por eles.

---

1   Lida: trabalho duro, cansativo.

7
[Natal... Na província neva]

Natal... Na província neva.
Nos lares aconchegados[1],
Um sentimento conserva
Os sentimentos passados.

Coração oposto ao mundo,
Como a família é verdade!
Meu pensamento é profundo,
'Stou só e sonho saudade.
E como é branca de graça
A paisagem que não sei[2],
Vista de trás da vidraça
Do lar que nunca terei!

*

    Esse poema foi publicado num jornal de Lisboa em dezembro de 1928 e expressa um agudo sentimento de solidão de quem tem o "coração oposto ao mundo", isto é, de quem se sente afastado do calor humano, o qual torna bonita a paisagem de inverno lá fora, vista de dentro do lar. Seria de fato um testemunho da solidão em que vivia o poeta nesse período? Teria tido ele realmente um desejo de família, de aconchego? Ou ele apenas "sonha saudade"?

---

1   **Aconchegados:** onde há aconchego, calor humano.
2   **Não sei:** desconheço.

MENSAGEM

Único livro publicado em vida por Fernando Pessoa, *Mensagem*, de 1934, é na verdade um longo poema composto de 44 pequenos poemas que, no conjunto, contam a história de Portugal e projetam, de forma mística, o sonho de um glorioso novo império, numa visão sebastianista.

Essa visão está ligada à morte do rei D. Sebastião, em 1578, numa batalha na África. Seu corpo nunca foi encontrado.

O desaparecimento do jovem rei de 24 anos coincidiu com a derrocada do império português e provocou intensa comoção no povo, fazendo nascer, em algumas camadas, um sentimento que ficou conhecido como "sebastianismo": acreditava-se que um dia D. Sebastião voltaria para reerguer Portugal e restaurar o império.

CAPA DA 1ª EDIÇÃO DE *MENSAGEM*.

Enquanto Camões, em *Os lusíadas*, cantou a glória das conquistas marítimas portuguesas e a formação de seu vasto império nos séculos XV e XVI, exaltando um D. Sebastião vivo, Fernando Pessoa, em *Mensagem*, voltou os olhos para o futuro e falou de um D. Sebastião mítico. Reconstituiu liricamente os episódios marcantes da criação do povo português e seus feitos heroicos por meio das suas figuras mais importantes. A conquista do mar foi realizada, mas o império se desfez. Por isso, o poema termina projetando para um futuro místico a restauração de um império imaterial, espiritual, utópico, indestrutível, que só poderia se efetivar com a volta messiânica de D. Sebastião:

Cumpriu-se o Mar, e o Império se desfez.
Senhor, falta cumprir-se Portugal!

Vejamos alguns poemas de *Mensagem*.

1
Ulisses

O mito é o nada que é tudo.
O mesmo sol que abre os céus
É um mito brilhante e mudo —
O corpo morto de Deus,
Vivo e desnudo.

Este, que aqui aportou,
Foi por não ser existindo.
Sem existir nos bastou.
Por não ter vindo foi vindo
E nos criou.

Assim a lenda se escorre
A entrar na realidade,
E a fecundá-la decorre.
Embaixo, a vida, metade
De nada, morre.

*

Ulisses é o herói do poema *Odisseia*, atribuído a Homero, poeta grego que teria vivido no século VIII a.C. Segundo uma lenda, Ulisses teria sido o fundador mítico de Lisboa, cujo nome seria uma derivação de Ulissipo, isto é, "cidade de Ulisses". O mito é nada, é lenda, é fantasia. No entanto, nos inspira, nos dá uma razão de viver: ele é "o nada que é tudo", porque fecunda a realidade e a transforma.

2
D. Dinis

Na noite escreve um seu Cantar de Amigo
O plantador de naus a haver,
E ouve um silêncio múrmuro consigo:
É o rumor dos pinhais que, como um trigo
De Império, ondulam sem se poder ver.

Arroio, esse cantar, jovem e puro,
Busca o oceano por achar;
E a fala dos pinhais, marulho obscuro,
É o som presente desse mar futuro,
É a voz da terra ansiando pelo mar.

*

D. Dinis (1261-1325) foi o sexto rei de Portugal. Era um homem culto, que desenvolveu a agricultura e estimulou as letras, tendo sido também poeta, autor de várias cantigas trovadorescas ("Na noite escreve um seu Cantar de Amigo"). Valorizou a cultura e fundou, em Lisboa, a primeira universidade portuguesa. Plantou os pinheiros que dariam a madeira necessária para a futura construção dos navios ("O plantador de naus a haver"). Por isso, a fala dos pinhais é "o som presente desse mar futuro / é a voz da terra ansiando pelo mar".

ESTÁTUA DE D. DINIS EM FRENTE À FACULDADE DE MEDICINA.

3
D. Sebastião, rei de Portugal

Louco, sim, louco, porque quis grandeza
Qual a Sorte a não dá.
Não coube em mim minha certeza;
Por isso onde o areal está
Ficou meu ser que houve, não o que há.

Minha loucura, outros que me a tomem
Com o que nela ia.
Sem a loucura que é o homem
Mais que a besta sadia,
Cadáver adiado que procria?

*

O jovem e inexperiente rei D. Sebastião, sonhando com a expansão de Portugal, aventurou-se numa batalha na qual perdeu a vida. Como seu corpo não foi encontrado, criou-se a lenda de que ele estaria vivo, oculto em algum lugar de onde voltaria para reerguer Portugal. Por isso, no poema, ele é também chamado de "O encoberto", "O desejado". Mas aqui ele se apresenta como um homem impulsionado pelos sonhos, com a "loucura" dos heróis. Sem esse fogo interior, que é o homem senão um animal sadio, um "cadáver adiado que procria?".

4
Mar português

Ó mar salgado, quanto do teu sal
São lágrimas de Portugal!
Por te cruzarmos, quantas mães choraram,
Quantos filhos em vão rezaram!
Quantas noivas ficaram por casar
Para que fosses nosso, ó mar!

Valeu a pena? Tudo vale a pena
Se a alma não é pequena.
Quem quer passar além do Bojador
Tem que passar além da dor.
Deus ao mar o perigo e o abismo deu,
Mas nele é que espelhou o céu.

*

É nesse poema, um dos mais famosos de *Mensagem*, que se destaca o verso que resume a aventura portuguesa: "Tudo vale a pena / Se a alma não é pequena". Navegar é preciso, ou seja, buscar a realização dos sonhos. Mas isso tem um preço muito alto: a conquista do mar se deu à custa de muito sofrimento e de muitas mortes.

O CABO BOJADOR ERA UMA ESPÉCIE DE LIMITE NA ROTA DOS NAVEGADORES: COMO O LITORAL AFRICANO ERA DESCONHECIDO, NINGUÉM SABIA O QUE PODERIA ENCONTRAR MAIS ADIANTE. ESSE PONTO SÓ FOI ULTRAPASSADO EM 1434.

Alberto Caeiro

Na noite de 8 de março de 1914, "surgiu" o heterônimo Alberto Caeiro. Eis como o próprio Fernando Pessoa explicou esse acontecimento, numa carta ao amigo Adolfo Casais Monteiro, em 13 de janeiro de 1935:

(...) acerquei-me de uma cômoda alta, e, tomando um papel, comecei a escrever, de pé, como escrevo sempre que posso. E escrevi trinta e tantos poemas a fio, numa espécie de êxtase cuja natureza não conseguirei definir. Foi o dia triunfal da minha vida, e nunca poderei ter outro assim. Abri com um título, O Guardador de Rebanhos. *E o que se seguiu foi o aparecimento de alguém em mim, a quem dei desde logo o nome de Alberto Caeiro. Desculpe-me o absurdo da frase: aparecera em mim o meu mestre. Foi essa a sensação imediata que tive.*

Alberto Caeiro seria considerado o mestre de todos os heterônimos. Álvaro de Campos chega até a descrevê-lo fisicamente:

(...) Vejo-o diante de mim, e vê-lo-ei talvez eternamente como primeiro o vi. Primeiro, os olhos azuis de criança que não tem medo; depois, os malares já um pouco salientes, a cor um pouco pálida, e o estranho ar grego, que vinha de dentro e era uma calma, e não de fora, porque não era expressão nem feições. O cabelo, quase abundante, era louro, mas, se faltava luz, acastanhava-se. A estatura era média, tendendo para mais alta, mas curvada, sem ombros altos. O gesto era branco, o sorriso era como era, a voz era igual, lançada num tom de quem não procura senão dizer o que está dizendo — nem alta nem baixa, clara, livre de intenções, de hesitações, de timidezas (...).

Nessa descrição, apontam-se algumas características marcantes de Alberto Caeiro: a linguagem simples, direta, sem segundas intenções ou ambiguidades; um olhar de criança, como se visse o mundo pela primeira vez, sem filosofia nem religião; a postura calma diante do mundo, despojada de inquietações intelectuais. Em contraste com o momento histórico (início do século XX), marcado por polêmicas religiosas e revoluções políticas, filosóficas e artísticas, Alberto Caeiro apresenta-se como um pastor, como alguém em permanente contato com a natureza, um homem de sensações, que não foi deformado pela cultura. Na sua "biografia", teria morrido em 1915, um ano após seu aparecimento literário.

Vejamos alguns de seus poemas.

1
[Sou um guardador de rebanhos]

Sou um guardador de rebanhos.
O rebanho é os meus pensamentos
E os meus pensamentos são todos sensações.
Penso com os olhos e com os ouvidos
E com as mãos e os pés
E com o nariz e a boca.

Pensar uma flor é vê-la e cheirá-la
E comer um fruto é saber-lhe o sentido.

Por isso quando num dia de calor
Me sinto triste de gozá-lo tanto.
E me deito ao comprido na erva,
E fecho os olhos quentes,
Sinto todo o meu corpo deitado na realidade,
Sei a verdade e sou feliz.

*

Como vemos na primeira estrofe, Alberto Caeiro se apresenta como o poeta das sensações e não o poeta metafísico, intelectual. Vê o mundo tal como ele se apresenta aos nossos sentidos, e sua linguagem é clara, objetiva. Ele é um pastor, mas é um guardador de pensamentos e não de animais.

2
[Não me importo com as rimas]

Não me importo com as rimas. Raras vezes
Há duas árvores iguais, uma ao lado da outra.
Penso e escrevo como as flores têm cor
Mas com menos perfeição no meu modo de exprimir-me
Porque me falta a simplicidade divina
De ser todo só o meu exterior

Olho e comovo-me,
Comovo-me como a água corre quando o chão é inclinado,
E a minha poesia é natural como o levantar-se vento...

*

A linguagem simples, sem ornamento ou preocupação com rimas, condiz com a simplicidade dos versos, frutos de uma visão de mundo que leva o poeta a se identificar plenamente com os elementos da natureza que estão diante dos seus olhos.

3
[O meu olhar é nítido como um girassol]

O meu olhar é nítido como um girassol.
Tenho o costume de andar pelas estradas
Olhando para a direita e para a esquerda,
E de vez em quando olhando para trás...
E o que vejo a cada momento
É aquilo que nunca antes eu tinha visto,
E eu sei dar por isso muito bem...
Sei ter o pasmo essencial
Que tem uma criança se, ao nascer,
Reparasse que nascera deveras...
Sinto-me nascido a cada momento
Para a eterna novidade do Mundo...

Creio no mundo como num malmequer,
Porque o vejo. Mas não penso nele
Porque pensar é não compreender...
O Mundo não se fez para pensarmos nele
(Pensar é estar doente dos olhos)
Mas para olharmos para ele e estarmos de acordo...

Eu não tenho filosofia: tenho sentidos...
Se falo na Natureza não é porque saiba o que ela é,
Mas porque a amo, e amo-a por isso,
Porque quem ama nunca sabe o que ama
Nem sabe por que ama, nem o que é amar...

Amar é a eterna inocência,
E a única inocência não pensar...

*

Olhar o mundo com os olhos de criança, com a pureza das sensações, sempre como se fosse pela primeira vez — esse é o desafio proposto pelo poeta. Por isso, a cada olhar é como se nascêssemos novamente. Releia o poema *Ela canta, pobre ceifeira*, de Fernando Pessoa "ele mesmo", e veja a diferença de visão de mundo que há entre eles.

4
[Olá, guardador de rebanhos]

"Olá, guardador de rebanhos,
Aí à beira da estrada,
Que te diz o vento que passa?"

"Que é vento, e que passa,
E que já passou antes,
E que passará depois.
E a ti o que te diz?"

"Muita coisa mais do que isso.
Fala-me de muitas outras coisas.
De memórias e de saudades
E de coisas que nunca foram."

"Nunca ouviste passar o vento.
O vento só fala do vento.
O que lhe ouviste foi mentira,
E a mentira está em ti."

*

Para Alberto Caeiro, as coisas são o que são, não são metáforas nem símbolos. A natureza é só a natureza. O vento é só o vento. É o nosso olhar deformado que vê na natureza outra coisa.

5
[O luar através dos altos ramos]

O luar através dos altos ramos,
Dizem os poetas todos que ele é mais
Que o luar através dos altos ramos.

Mas para mim, que não sei o que penso,
O que o luar através dos altos ramos
É, além de ser
O luar através dos altos ramos,
É não ser mais
Que o luar através dos altos ramos.

*

    O poeta destaca sua visão de mundo despojada de qualquer intenção reflexiva. A natureza é o que é, e não o que pensamos que ela seja ou represente. O desafio é despir-se de qualquer filosofia ou religião e olhar com os olhos puros de uma criança que visse o luar pela primeira vez.

6
[Se eu pudesse trincar a terra toda]

Se eu pudesse trincar a terra toda
E sentir-lhe um paladar,
Seria mais feliz um momento...
Mas eu nem sempre quero ser feliz.
É preciso ser de vez em quando infeliz
Para se poder ser natural...

Nem tudo é dias de sol,
E a chuva, quando falta muito, pede-se.
Por isso tomo a infelicidade com a felicidade
Naturalmente, como quem não estranha
Que haja montanhas e planícies
E que haja rochedos e erva...

O que é preciso é ser-se natural e calmo
Na felicidade ou na infelicidade,
Sentir como quem olha,
Pensar como quem anda,
E quando se vai morrer, lembrar-se de que o dia morre,
E que o poente é belo e é bela a noite que fica...
Assim é e assim seja...

*

Para Caeiro, pensar certo é pensar de acordo com natureza. É não desejar que ela seja diferente do que é, é aceitar que o dia e a noite fazem parte dela, assim como o sol e a chuva, a felicidade e a infelicidade, a vida e a morte.

7
[Aquela senhora tem um piano]

Aquela senhora tem um piano
Que é agradável mas não é o correr dos rios
Nem o murmúrio que as árvores fazem...

Para que é preciso ter um piano?
O melhor é ter ouvidos
E amar a Natureza.

*

O som do piano e os sons da natureza: para o poeta, saber ouvir os elementos naturais é melhor do que deixar-se envolver pelos artificialismos da cultura, por mais atraentes que sejam.

8
[O Tejo é mais belo que o rio que corre pela minha aldeia]

O Tejo é mais belo que o rio que corre pela minha aldeia,
Mas o Tejo não é mais belo que o rio que corre pela minha aldeia
Porque o Tejo não é o rio que corre pela minha aldeia.

O Tejo tem grandes navios
E navega nele ainda,
Para aqueles que veem em tudo o que lá não está,
A memória das naus[1].
O Tejo desce de Espanha
E o Tejo entra no mar em Portugal.
Toda a gente sabe isso.
Mas poucos sabem qual é o rio da minha aldeia
E para onde ele vai
E donde ele vem.
E por isso porque pertence a menos gente,
É mais livre e maior o rio da minha aldeia.

Pelo Tejo vai-se para o Mundo.
Para além do Tejo há a América
E a fortuna daqueles que a encontram.
Ninguém nunca pensou no que há para além
Do rio da minha aldeia.

O rio da minha aldeia não faz pensar em nada.
Quem está ao pé dele[2] está só ao pé dele.

*

O Tejo é o maior rio de Portugal, além de ser a inspiração para muitas histórias. Por isso, diz Caeiro, ao olharmos para ele não o vemos «naturalmente», mas sim como um marco cultural e histórico. E é por esse motivo que, segundo o poeta, o rio da sua aldeia é mais belo que o Tejo, pois, quando as pessoas olham esse rio, só veem o rio e não o que ele representa: trata-se de um elemento da natureza e não de um objeto da cultura.

1   A memória das naus: as lembranças das grandes navegações portuguesas.
2   Quem está ao pé dele: quem está bem perto dele.

9
[Há metafísica bastante em não pensar em nada.]

Há metafísica[1] bastante em não pensar em nada.
O que penso eu do mundo?
Sei lá o que penso do mundo!
Se eu adoecesse pensaria nisso.

Que ideia tenho eu das coisas?
Que opinião tenho sobre as causas e os efeitos?
Que tenho eu meditado sobre Deus e a alma
E sobre a criação do Mundo?

Não sei. Para mim pensar nisso é fechar os olhos
E não pensar. É correr as cortinas
Da minha janela (mas ela não tem cortinas).

O mistério das coisas? Sei lá o que é mistério!
O único mistério é haver quem pense no mistério.
Quem está ao sol e fecha os olhos,
Começa a não saber o que é o sol
E a pensar muitas coisas cheias de calor.
Mas abre os olhos e vê o sol,

---

1   Metafísica: campo da filosofia que busca o conhecimento da essência das coisas, das causas primeiras, além das experiências sensíveis.

E já não pode pensar em nada,
Porque a luz do sol vale mais que os pensamentos
De todos os filósofos e de todos os poetas.
A luz do sol não sabe o que faz
E por isso não erra e é comum e boa.

Metafísica? Que metafísica têm aquelas árvores?
A de serem verdes e copadas e de terem ramos
E a de dar fruto na sua hora, o que não nos faz pensar,
A nós, que não sabemos dar por elas.
Mas que melhor metafísica que a delas,
Que é a de não saber para que vivem
Nem saber que o não sabem?
"Constituição íntima das coisas"...
"Sentido íntimo do Universo"...
Tudo isto é falso, tudo isto não quer dizer nada.
É incrível que se possa pensar em coisas dessas.
É como pensar em razões e fins
Quando o começo da manhã está raiando, e pelos lados das árvores
Um vago ouro lustroso vai perdendo a escuridão[1].

Pensar no sentido íntimo das coisas
É acrescentado[2], como pensar na saúde
Ou levar um copo à água das fontes.

O único sentido íntimo das coisas
É elas não terem sentido íntimo nenhum.
Não acredito em Deus porque nunca o vi.
Se ele quisesse que eu acreditasse nele,
Sem dúvida que viria falar comigo
E entraria pela minha porta dentro
Dizendo-me, *Aqui estou!*

(Isto é talvez ridículo aos ouvidos
De quem, por não saber o que é olhar para as coisas,

---

1 Um vago ouro lustroso vai perdendo a escuridão: um vago brilho dourado (do sol) vai fazendo desaparecer a escuridão.
2 Acrescentado: aqui tem o sentido de inútil, de algo que não produz nenhum efeito.

Não compreende quem fala delas
Com o modo de falar que reparar para elas ensina.)

Mas se Deus é as flores e as árvores
E os montes e sol e o luar,
Então acredito nele,
Então acredito nele a toda a hora,
E a minha vida é toda uma oração e uma missa,
E uma comunhão com os olhos e pelos ouvidos.

Mas se Deus é as árvores e as flores
E os montes e o luar e o sol,
Para que lhe chamo eu Deus?
Chamo-lhe flores e árvores e montes e sol e luar;
Porque, se ele se fez, para eu o ver,
Sol e luar e flores e árvores e montes,
Se ele me aparece como sendo árvores e montes
E luar e sol e flores,
É que ele quer que eu o conheça
Como árvores e montes e flores e luar e sol.

E por isso eu obedeço-lhe,
(Que mais sei eu de Deus que Deus de si próprio?).
Obedeço-lhe a viver, espontaneamente,
Como quem abre os olhos e vê,
E chamo-lhe luar e sol e flores e árvores e montes,
E amo-o sem pensar nele,
E penso-o vendo e ouvindo,
E ando com ele a toda a hora.

*

Embora queira fazer uma poesia sem filosofia, neste poema Caeiro procura mostrar que "não pensar em nada" é uma postura filosófica. E assumir essa postura significa tentar ser como os elementos da natureza, que não sabem por que estão vivos, apenas vivem. Eles não se indagam sobre o princípio das coisas nem buscam decifrar o "sentido íntimo" do universo. Caeiro recusa também uma visão religiosa da existência, negando-se a ver a natureza como Deus. Prefere considerá--la tal como ela se apresenta aos sentidos, rejeitando a ideia de que ela simbolize uma divindade.

10
[Eu nunca guardei rebanhos]

Eu nunca guardei rebanhos[1],
Mas é como se os guardasse.
Minha alma é como um pastor,
Conhece o vento e o sol
E anda pela mão das Estações
A seguir e a olhar.
Toda a paz da Natureza sem gente
Vem sentar-se a meu lado.
Mas eu fico triste como um pôr de sol
Para a nossa imaginação,
Quando esfria no fundo da planície

---

1   Guardei rebanhos: cuidei de rebanhos.

E se sente a noite entrada
Como uma borboleta pela janela.

Mas a minha tristeza é sossego
Porque é natural e justa
E é o que deve estar na alma
Quando já pensa que existe
E as mãos colhem flores sem ela dar por isso.

Como um ruído de chocalhos
Para além da curva da estrada,
Os meus pensamentos são contentes.
Só tenho pena de saber que eles são contentes,
Porque, se o não soubesse,
Em vez de serem contentes e tristes,
Seriam alegres e contentes.

Pensar incomoda como andar à chuva
Quando o vento cresce e parece que chove mais.

Não tenho ambições nem desejos
Ser poeta não é uma ambição minha
É a minha maneira de estar sozinho.

E se desejo às vezes
Por imaginar, ser cordeirinho
(Ou ser o rebanho todo
Para andar espalhado por toda a encosta
A ser muita coisa feliz ao mesmo tempo),

É só porque sinto o que escrevo ao pôr do sol,
Ou quando uma nuvem passa a mão por cima da luz
E corre um silêncio pela erva fora.

Quando me sento a escrever versos
Ou, passeando pelos caminhos ou pelos atalhos,
Escrevo versos num papel que está no meu pensamento,
Sinto um cajado nas mãos

E vejo um recorte de mim
No cimo dum outeiro,
Olhando para o meu rebanho e vendo as minhas ideias,
Ou olhando para as minhas ideias e vendo o meu rebanho,
E sorrindo vagamente como quem não compreende o que se diz
E quer fingir que compreende.

Saúdo todos os que me lerem,
Tirando-lhes o chapéu largo
Quando me veem à minha porta
Mal a diligência levanta no cimo do outeiro[1].
Saúdo-os e desejo-lhes sol,
E chuva, quando a chuva é precisa,
E que as suas casas tenham
Ao pé duma janela aberta
Uma cadeira predileta
Onde se sentem, lendo os meus versos.
E ao lerem os meus versos pensem
Que sou qualquer coisa natural —
Por exemplo, a árvore antiga
À sombra da qual quando crianças
Se sentavam com um baque[2], cansados de brincar,
E limpavam o suor da testa quente
Com a manga do bibe[3] riscado[4].

*

O poeta diz que vive como um pastor, isto é, no ritmo da natureza: "pela mão das Estações". Sem pensar nem refletir sobre a vida, contentando-se apenas em senti-la. Ele só lamenta ter conhecimento desse contentamento, o que o incomoda ("Pensar incomoda como andar à chuva"). Gostaria de não ter nenhuma consciência, como se fosse um elemento da natureza. E que seus versos fossem lidos também como algo natural, a exemplo de uma árvore, e não como um produto criado intencionalmente.

---

1 Mal a diligência levanta no cimo do outeiro: mal a diligência (carruagem) aparece no alto do morro.
2 Baque: barulho de um corpo que cai ou se joga.
3 Bibe: espécie de avental com mangas que se põe em crianças para não sujarem a roupa.
4 Riscado: listrado.

Ricardo Reis

Em junho de 1914 surgiu a primeira poesia de Ricardo Reis — outro heterônimo de Fernando Pessoa, que o descreveu como um homem de estatura média, forte mas seco, de um vago moreno mate. Teria nascido na cidade do Porto, em 19 de setembro de 1887, e frequentado um colégio de jesuítas.

Ricardo Reis é uma espécie de reencarnação dos antigos poetas e filósofos pagãos gregos e romanos que, diante da brevidade da vida e da indiferença dos deuses pelo destino humano, pregavam o gozo sereno dos prazeres da existência, sem aflição nem angústia. Sua visão de mundo tem pontos em comum com Alberto Caeiro, mas sua poesia é mais intelectualizada.

Sua linguagem é contida, com muitas referências a figuras mitológicas. Suas poesias estão reunidas com o título de *Odes*. Vejamos algumas delas.

Ode é o nome dado a certos tipos de poemas líricos, primitivamente cantados ao som de um instrumento musical (cítara ou flauta), sobre diferentes assuntos. A palavra "ode" deriva do grego *oidé* (= canto).

1
[Coroai-me de rosas]
Coroai-me de rosas,
Coroai-me em verdade
De rosas —
Rosas que se apagam
Em fronte a apagar-se
Tão cedo!
Coroai-me de rosas
E de folhas breves.
E basta.

*

VANITAS, SIMON RENARD DE SAINT-ANDRÉ, 1650. AQUI, HÁ UMA REPRESENTAÇÃO DA BREVIDADE DA VIDA: AS GLÓRIAS INTELECTUAIS E ARTÍSTICAS SÃO COMO BOLHAS DE SABÃO QUE SE DESFAZEM.

O poeta está consciente da brevidade da vida. Por isso, pede que seja coroado de rosas, pois, como elas, ele também logo estará apagado e morto.

2
[Para ser grande, sê inteiro]

Para ser grande, sê inteiro: nada
Teu exagera ou exclui.
Sê todo em cada coisa. Põe quanto és
No mínimo que fazes.
Assim em cada lago a lua toda
Brilha, porque alta vive.

*

Nessa ode, o poeta expressa uma atitude filosófica diante da vida. Esse poema foi reproduzido no túmulo de Fernando Pessoa, no Mosteiro dos Jerônimos, em Lisboa.

3
[Tão cedo passa tudo quanto passa!]

Tão cedo passa tudo quanto passa!
Morre tão jovem ante os deuses quanto
Morre! Tudo é tão pouco!
Nada se sabe, tudo se imagina.
Circunda-te de rosas, ama, bebe
E cala. O mais é nada.

*

Diante da sempre breve existência humana, não adianta lamentar-se. O melhor é colher o que a vida oferece, sem desejar mais nada além disso.

4
[Vem sentar-te comigo, Lídia, à beira do rio]

Vem sentar-te comigo, Lídia, à beira do rio.
Sossegadamente fitemos o seu curso e aprendamos
Que a vida passa, e não estamos de mãos enlaçadas.
(Enlacemos as mãos.)

Depois pensemos, crianças adultas, que a vida
Passa e não fica, nada deixa e nunca regressa,
Vai para um mar muito longe, para ao pé do Fado[1],
Mais longe que os deuses.

Desenlacemos as mãos, porque não vale a pena cansarmo-nos.
Quer gozemos, quer não gozemos, passamos como o rio.
Mais vale saber passar silenciosamente
E sem desassossegos grandes.

Sem amores, nem ódios, nem paixões que levantam a voz,
Nem invejas que dão movimento demais aos olhos,
Nem cuidados, porque se os tivesse o rio sempre correria,
E sempre iria ter ao mar.

Amemo-nos tranquilamente, pensando que podíamos,
Se quiséssemos, trocar beijos e abraços e carícias,
Mas que mais vale estarmos sentados ao pé um do outro
Ouvindo correr o rio e vendo-o.

Colhamos flores, pega tu nelas e deixa-as
No colo, e que o seu perfume suavize o momento —
Este momento em que sossegadamente não cremos em nada,
Pagãos inocentes da decadência.

---

1 **Para ao pé do Fado:** para junto do Destino. Na mitologia grega, dá-se o nome de Destino à força cega, absoluta e incompreensível que rege todo o universo; até os deuses estão submetidos ao Destino e não podem fazer nada contra ele.

Ao menos, se for sombra antes[1], lembrar-te-ás de mim depois
Sem que a minha lembrança te arda ou te fira ou te mova,
Porque nunca enlaçamos as mãos, nem nos beijamos
Nem fomos mais do que crianças.

E se antes do que eu levares o óbolo ao barqueiro sombrio[2],
Eu nada terei que sofrer ao lembrar-me de ti.
Ser-me-ás suave à memória lembrando-te assim — à beira-rio,
Pagã triste e com flores no regaço[3].

*

O poeta propõe à amada uma relação tranquila, sem os ímpetos da paixão. Na verdade, um amor sem envolvimento físico. Mais vale observar as águas do rio, que passam continuamente, assim como acontece com os humanos na face da terra. Tudo é passageiro e está condenado a desaparecer logo. Ter consciência desse fato evita o sofrimento. No momento da morte não haverá dor, apenas uma lembrança suave.

---

1 Se for sombra antes: se eu morrer antes.
2 Se antes do que eu levares o óbolo ao barqueiro sombrio: se morreres antes de mim. Os antigos gregos punham uma pequena moeda (óbolo) na boca do morto para que ele pudesse pagar o barqueiro chamado Caronte, que atravessava um rio conduzindo as almas para o reino dos mortos.
3 Regaço: colo.

5
[Nada fica de nada. Nada somos.]

Nada fica de nada. Nada somos.
Um pouco ao sol e ao ar nos atrasamos
Da irrespirável treva que nos pese
Da humilde terra imposta,
Cadáveres adiados que procriam.

Leis feitas, estátuas vistas, odes findas —
Tudo tem cova sua. Se nós, carnes
A que um íntimo sol dá sangue, temos
Poente, por que não elas?
Somos contos contando contos, nada.

*

Poema que expressa agudamente a visão da vida como algo sem sentido. O homem não é nada e nada do que ele faz ou cria permanece. O tempo se encarrega de destruir tudo.

6
[Não a ti, Cristo, odeio ou te não quero.]

Não a ti, Cristo, odeio ou te não quero.
Em ti como nos outros creio deuses mais velhos.
Só te tenho por não mais nem menos[1]
Do que eles, mas mais novo apenas.

Odeio-os sim, e a esses com calma aborreço[2],
Que te querem acima dos outros teus iguais deuses.
Quero-te onde tu estás, nem mais alto
Nem mais baixo que eles, tu apenas.

Deus triste, preciso talvez porque nenhum havia
Como tu, um a mais no Panteão[3] e no culto,
Nada mais, nem mais alto nem mais puro
Porque para tudo havia deuses, menos tu.

Cura[4] tu, idólatra[5] exclusivo de Cristo, que a vida
É múltipla e todos os dias são diferentes dos outros,
E só sendo múltiplos como eles
'Staremos com a verdade e sós.

*

Expressando uma visão pagã da existência, o poeta contesta a ideia de Cristo como deus único. Se a realidade é múltipla, isto é, tem muitos e diferentes aspectos, os deuses também devem ser múltiplos. Cristo seria apenas mais um dos deuses adorados pelos humanos, nem superior nem inferior aos outros, um deus triste como não havia ainda no panteão.

---

1   Só te tenho por não mais nem menos: Só te considero nem mais nem menos.
2   Aborreço: detesto.
3   Panteão: conjunto de deuses de uma mitologia.
4   Cura: imperativo do verbo curar, usado aqui no sentido de saber, aprender.
5   Idólatra: adorador.

7
[Mestre, são plácidas]

Mestre, são plácidas
Todas as horas
Que nós perdemos,
Se no perdê-las,
Qual numa jarra,
Nós pomos flores.

Não há tristezas
Nem alegrias
Na nossa vida.
Assim saibamos,
Sábios incautos[1],
Não a viver,

Mas decorrê-la[2],
Tranquilos, plácidos,
Tendo as crianças
Por nossas mestras,
E os olhos cheios
De Natureza ...

À beira-rio,
À beira-estrada,
Conforme calha,
Sempre no mesmo
Leve descanso
De estar vivendo.

O tempo passa,
Não nos diz nada.
Envelhecemos.

---

1   Incautos: **inocentes, sem malícia.**
2   Decorrê-la: **passá-la.**

Saibamos, quase
Maliciosos,
Sentir-nos ir.

Não vale a pena
Fazer um gesto.
Não se resiste
Ao deus atroz[1]
Que os próprios filhos
Devora sempre.

Colhamos flores.
Molhemos leves
As nossas mãos
Nos rios calmos,
Para aprendermos
Calma também.

Girassóis sempre
Fitando o sol,
Da vida iremos
Tranquilos, tendo
Nem o remorso
De ter vivido.

*

    Poema sobre o Tempo: o "deus atroz / Que os próprios filhos / devora sempre". É uma alusão ao deus Cronos, que, segundo a mitologia grega, devorava os próprios filhos assim que nasciam. Somos filhos do Tempo e no Tempo nos desfazemos. Essa consciência leva o poeta a uma atitude de resignação. O melhor é não querer lutar contra isso e viver calmamente, sem aflições, como crianças inocentes que não sabem de nada e vivem sem pensar na vida.

---

1 **Atroz: cruel.**

CRONOS, GEORGE HEERMANN, 1696. NESTA ESCULTURA, O DEUS CRONOS SEGURA A FOICE, COM A QUAL CORTA A VIDA.

Álvaro de Campos

Álvaro de Campos, ao contrário dos outros dois heterônimos, é o poeta urbano, que respira modernidade, impregnado da velocidade e do mundo industrial do século XX. Perdido na vertigem acelerada do novo século, é um homem angustiado que não encontra respostas para as suas inquietações. Daí sua rebeldia e irreverência, que se expressa numa linguagem nervosa, em que são frequentes as interjeições, as exclamações, os gritos de protestos, como vemos nestes versos:

ODE TRIUNFAL

À dolorosa luz das grandes lâmpadas eléctricas da fábrica
Tenho febre e escrevo.
Escrevo rangendo os dentes, fera para a beleza disto,
Para a beleza disto totalmente desconhecida dos antigos.

Ó rodas, ó engrenagens, *r-r-r-r-r-r-r* eterno!
Forte espasmo retido dos maquinismos em fúria!
Em fúria fora e dentro de mim,
Por todos os meus nervos dissecados fora,
Por todas as papilas fora de tudo com que eu sinto!
Tenho os lábios secos, ó grandes ruídos modernos,
De vos ouvir demasiadamente de perto,
E arde-me a cabeça de vos querer cantar com um excesso
De expressão de todas as minhas sensações,
Com um excesso contemporâneo de vós, ó máquinas!
(...)
Ah, poder exprimir-me todo como um motor se exprime!
Ser completo como uma máquina!
Poder ir na vida triunfante como um automóvel último-modelo! (...)

Segundo Fernando Pessoa, Álvaro de Campos era engenheiro e "surgiu" dentro dele em 1914, ano em que apareceram também Alberto Caeiro e Ricardo Reis. São, portanto, três poetas com características bem diversas. Álvaro de Campos viveu em Lisboa, mas sem exercer a profissão de engenheiro. Dedicou-se à literatura e participou de polêmicas sobre arte moderna. Pessoa o descreveu como um homem alto, de cabelo preto e liso, que usava um monóculo.

Vejamos algumas poesias de Álvaro de Campos.

O ESTILO DE FERNANDO PESSOA: TERNOS SEMPRE EM TONS ESCUROS, CHAPÉU E ÓCULOS REDONDOS E PEQUENOS, DE LENTES GROSSAS.

1
Lisbon revisited[1]
(1923)

Não: não quero nada.
Já disse que não quero nada.

Não me venham com conclusões!
A única conclusão é morrer.

Não me tragam estéticas!
Não me falem em moral!

Tirem-me daqui a metafísica[2]!
Não me apregoem[3] sistemas completos, não me enfileirem conquistas
Das ciências (das ciências, Deus meu, das ciências!) —
Das ciências, das artes, da civilização moderna!

Que mal fiz eu aos deuses todos?

Se têm a verdade, guardem-na!

Sou um técnico, mas tenho técnica só dentro da técnica.
Fora disso sou doido, com todo o direito a sê-lo.
Com todo o direito a sê-lo, ouviram?

Não me macem[4], por amor de Deus!

Queriam-me casado, fútil[5], quotidiano e tributável[6]?
Queriam-me o contrário disto, o contrário de qualquer coisa?
Se eu fosse outra pessoa, fazia-lhes, a todos, a vontade.
Assim, como sou, tenham paciência!
Vão para o diabo sem mim,

---

1 *Lisbon revisited* (em inglês): Lisboa revisitada.
2 Metafísica: aqui, tem o sentido geral de filosofia.
3 Apregoem: anunciem.
4 Macem: aborreçam, importunem.
5 Fútil: superficial, que só liga para coisas sem importância.
6 Tributável: aqui tem o sentido de alguém perfeitamente inserido na sociedade.

Ou deixem-me ir sozinho para o diabo!
Para que havemos de ir juntos?

Não me peguem no braço!
Não gosto que me peguem no braço. Quero ser sozinho.
Já disse que sou sozinho!
Ah, que maçada¹ quererem que eu seja da companhia!

Ó céu azul — o mesmo da minha infância —
Eterna verdade vazia e perfeita!
Ó macio Tejo ancestral e mudo,
Pequena verdade onde o céu se reflete!
Ó mágoa revisitada, Lisboa de outrora de hoje!
Nada me dais, nada me tirais, nada sois que eu me sinta.

Deixem-me em paz! Não tardo, que eu nunca tardo…
E enquanto tarda o Abismo e o Silêncio quero estar sozinho!

*

Nesse poema, fica evidente o niilismo do poeta. Niilismo é uma palavra que deriva do latim *nihil*, que significa "nada". O niilista é aquele que não crê em nada, que não vê significado em nada, rejeitando todas as interpretações sobre o sentido da vida. Para o poeta, a "única conclusão é morrer". Por isso, recusa também as convenções burguesas, o casamento, a vida social. A natureza já não lhe diz mais nada. Então, só lhe resta esperar a morte.

LISBOA, PORTUGAL

1   Maçada: chateação, aborrecimento.

2
Poema em linha reta

Nunca conheci quem tivesse levado porrada.
Todos os meus conhecidos têm sido campeões em tudo.

E eu, tantas vezes reles[1], tantas vezes porco, tantas vezes vil[2],
Eu tantas vezes irrespondivelmente parasita[3],
Indesculpavelmente sujo.
Eu, que tantas vezes não tenho tido paciência para tomar banho,
Eu, que tantas vezes tenho sido ridículo, absurdo,
Que tenho enrolado os pés publicamente nos tapetes das etiquetas,
Que tenho sido grotesco, mesquinho, submisso e arrogante,
Que tenho sofrido enxovalhos[4] e calado,
Que quando não tenho calado, tenho sido mais ridículo ainda;
Eu, que tenho sido cômico às criadas de hotel,
Eu, que tenho sentido o piscar de olhos dos moços de fretes[5],
Eu, que tenho feito vergonhas financeiras, pedido emprestado sem pagar,
Eu, que, quando a hora do soco surgiu, me tenho agachado
Para fora da possibilidade do soco;
Eu, que tenho sofrido a angústia das pequenas coisas ridículas,
Eu verifico que não tenho par[6] nisto tudo neste mundo.

Toda a gente que eu conheço e que fala comigo
Nunca teve um ato ridículo, nunca sofreu enxovalho,
Nunca foi senão príncipe — todos eles príncipes — na vida...

Quem me dera ouvir de alguém a voz humana
Que confessasse não um pecado, mas uma infâmia;
Que contasse, não uma violência, mas uma cobardia!
Não, são todos o Ideal, se os oiço[7] e me falam.

---

1   Reles: sem valor, desprezível.
2   Vil: infame.
3   Parasita: que vive à custa de outra pessoa.
4   Enxovalhos: humilhações.
5   Moços de fretes: moços de recados ou carregadores em geral.
6   Não tenho par: não tenho igual.
7   Oiço: ouço.

Quem há neste largo mundo que me confesse que uma vez foi vil?
Ó príncipes, meus irmãos,

Arre, estou farto de semideuses!
Onde é que há gente no mundo?

Então sou só eu que é vil e errôneo nesta terra?

Poderão as mulheres não os terem amado,
Podem ter sido traídos — mas ridículos nunca!
E eu, que tenho sido ridículo sem ter sido traído,
Como posso eu falar com os meus superiores sem titubear¹?
Eu, que venho sido vil, literalmente vil,
Vil no sentido mesquinho e infame da vileza.

*

O poema expressa, raivosamente, a sensação de quem se vê marginalizado, isolado, como se fosse um pária. Todas as outras pessoas se mostram perfeitas. Ironicamente, o poeta pergunta: "Onde é que há gente no mundo?" Isto é, gente comum, como ele, com defeitos. Será que só ele é diferente? Ou as aparências enganam?

1   Titubear: **hesitar.**

3
[Todas as cartas de amor]

Todas as cartas de amor são
Ridículas.
Não seriam cartas de amor se não fossem
Ridículas.

Também escrevi em meu tempo cartas de amor,
Como as outras,
Ridículas.

As cartas de amor, se há amor,
Têm de ser
Ridículas.

Mas, afinal,
Só as criaturas que nunca escreveram
Cartas de amor
É que são
Ridículas.

Quem me dera no tempo em que escrevia
Sem dar por isso

Cartas de amor
Ridículas.

A verdade é que hoje
As minhas memórias
Dessas cartas de amor
É que são
Ridículas.

(Todas as palavras esdrúxulas¹,
Como os sentimentos esdrúxulos,
São naturalmente
Ridículas.)

*

    Esse poema é datado de 21 de outubro de 1935. Portanto, a aproximadamente um mês da morte de Fernando Pessoa, que ocorreu em 30 de novembro desse ano. Estaria ele falando, por meio desse heterônimo, indiretamente das cartas de amor que escrevera a Ofélia? As cartas de amor são mesmo sempre ridículas? Que sentido pode ter o adjetivo *esdrúxulas* nesse texto?

---

1 Esdrúxulas: esse adjetivo pode significar: a) proparoxítonas (palavra cujo acento tônico cai na antepenúltima sílaba, como, por exemplo, na palavra *ridículo*); b) extravagantes, esquisitos.

4
Aniversário

No tempo em que festejavam o dia dos meus anos,
Eu era feliz e ninguém estava morto.
Na casa antiga, até eu fazer anos era uma tradição de há séculos,
E a alegria de todos, e a minha, estava certa com uma religião qualquer.

No tempo em que festejavam o dia dos meus anos,
Eu tinha a grande saúde de não perceber coisa nenhuma,
De ser inteligente para entre a família,
E de não ter as esperanças que os outros tinham por mim.
Quando vim a ter esperanças, já não sabia ter esperanças.
Quando vim a olhar para a vida, perdera o sentido da vida.

Sim, o que fui de suposto a mim-mesmo,
O que fui de coração e parentesco,
O que fui de serões de meia-província,
O que fui de amarem-me e eu ser menino,
O que fui — ai, meu Deus!, o que só hoje sei que fui...
A que distância!...
(Nem o acho...)
O tempo em que festejavam o dia dos meus anos!

O que eu sou hoje é como a umidade no corredor do fim da casa,
Pondo grelado[1] nas paredes...
O que eu sou hoje (e a casa dos que me amaram treme através das minhas lágrimas),
O que eu sou hoje é terem vendido a casa,
É terem morrido todos,
É estar eu sobrevivente a mim-mesmo como um fósforo frio...

No tempo em que festejavam o dia dos meus anos...
Que meu amor, como uma pessoa, esse tempo!
Desejo físico da alma de se encontrar ali outra vez,
Por uma viagem metafísica e carnal,
Com uma dualidade de eu para mim...

---

[1] Grelado: bolor.

Comer o passado como pão de fome, sem tempo de manteiga nos dentes!

Vejo tudo outra vez com uma nitidez que me cega para o que há aqui...
A mesa posta com mais lugares, com melhores desenhos na loiça[1], com mais copos,
O aparador com muitas coisas — doces, frutas, o resto na sombra debaixo do alçado,
As tias velhas, os primos diferentes, e tudo era por minha causa,
No tempo em que festejavam o dia dos meus anos...

Para, meu coração!
Não penses! Deixa o pensar na cabeça!
Ó meu Deus, meu Deus, meu Deus!
Hoje já não faço anos.
Duro.
Somam-se-me dias.
Serei velho quando o for.
Mais nada.
Raiva de não ter trazido o passado roubado na algibeira[2]!...
O tempo em que festejavam o dia dos meus anos!...

*

O poema expressa o vazio de uma vida cujo sentido ficou num passado irrecuperável. Agora, no presente, o poeta não vive, apenas dura. Ele é um "fósforo frio", que é impossível reacender.

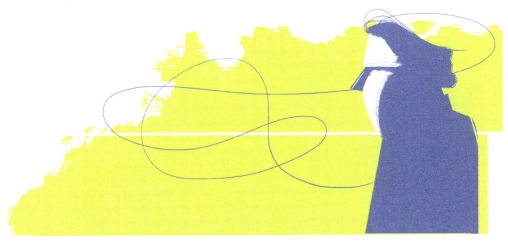

1   Loiça: **louça**.
2   Algibeira: **bolso**.

93

5
Tabacaria

Não sou nada.
Nunca serei nada.
Não posso querer ser nada.
À parte isso, tenho em mim todos os sonhos do mundo.

Janelas do meu quarto,
Do meu quarto de um dos milhões do mundo que ninguém sabe quem é
(E se soubessem quem é, o que saberiam?),
Dais para o mistério de uma rua cruzada constantemente por gente,
Para uma rua inacessível a todos os pensamentos,
Real, impossivelmente real, certa, desconhecidamente certa,
Com o mistério das coisas por baixo das pedras e dos seres,
Com a morte a pôr umidade nas paredes e cabelos brancos nos homens,
Com o Destino a conduzir a carroça de tudo pela estrada de nada.

Estou hoje vencido, como se soubesse a verdade.
Estou hoje lúcido, como se estivesse para morrer,
E não tivesse mais irmandade com as coisas
Senão uma despedida, tornando-se esta casa e este lado da rua
A fileira de carruagens de um comboio[1], e uma partida apitada
De dentro da minha cabeça,
E uma sacudidela dos meus nervos e um ranger de ossos na ida.

Estou hoje perplexo como quem pensou e achou e esqueceu.
Estou hoje dividido entre a lealdade que devo
À Tabacaria do outro lado da rua, como coisa real por fora,
E à sensação de que tudo é sonho, como coisa real por dentro.

Falhei em tudo.
Como não fiz propósito nenhum, talvez tudo fosse nada.
A aprendizagem que me deram,
Desci dela pela janela das traseiras da casa,
Fui até ao campo com grandes propósitos.
Mas lá encontrei só ervas e árvores,
E quando havia gente era igual à outra.
Saio da janela, sento-me numa cadeira. Em que hei de pensar?

---

1   Fileira de carruagens de um comboio: fileira de vagões de um trem.

Que sei eu do que serei, eu que não sei o que sou?
Ser o que penso? Mas penso ser tanta coisa!
E há tantos que pensam ser a mesma coisa que não pode haver tantos!

Gênio? Neste momento
Cem mil cérebros se concebem em sonho gênios como eu,
E a história não marcará, quem sabe?, nem um,
Nem haverá senão estrume de tantas conquistas futuras.
Não, não creio em mim.
Em todos os manicômios há doidos malucos com tantas certezas!
Eu, que não tenho nenhuma certeza, sou mais certo ou menos certo?
Não, nem em mim...
Em quantas mansardas[1] e não-mansardas do mundo
Não estão nesta hora gênios-para-si-mesmos sonhando?
Quantas aspirações altas e nobres e lúcidas —
Sim, verdadeiramente altas e nobres e lúcidas —,
E quem sabe se realizáveis,
Nunca verão a luz do sol real nem acharão ouvidos de gente?
O mundo é para quem nasce para o conquistar
E não para quem sonha que pode conquistá-lo, ainda que tenha razão.
Tenho sonhado mais que o que Napoleão[2] fez.
Tenho apertado ao peito hipotético mais humanidades do que Cristo,
Tenho feito filosofias em segredo que nenhum Kant[3] escreveu.
Mas sou, e talvez serei sempre, o da mansarda,
Ainda que não more nela;
Serei sempre *o que não nasceu para isso*;
Serei sempre só *o que tinha qualidades*;
Serei sempre o que esperou que lhe abrissem a porta ao pé de uma parede sem porta,
E cantou a cantiga do Infinito numa capoeira[4],
E ouviu a voz de Deus num poço tapado.
Crer em mim? Não, nem em nada.
Derrame-me a Natureza sobre a cabeça ardente
O seu sol, a sua chuva, o vento que me acha o cabelo,
E o resto que venha se vier, ou tiver que vir, ou não venha.
Escravos cardíacos das estrelas,

---

1 **Mansardas: sótãos.**
2 **Napoleão Bonaparte (1769-1821): general e imperador francês.**
3 **Immanuel Kant (1724-1804): filósofo alemão.**
4 **Capoeira: gaiola.**

Conquistamos todo o mundo antes de nos levantar da cama;
Mas acordamos e ele é opaco,
Levantamo-nos e ele é alheio,
Saímos de casa e ele é a terra inteira,
Mais o sistema solar e a Via Láctea e o Indefinido.

(Come chocolates, pequena;
Come chocolates!
Olha que não há mais metafísica[1] no mundo senão chocolates.
Olha que as religiões todas não ensinam mais que a confeitaria.
Come, pequena suja, come!
Pudesse eu comer chocolates com a mesma verdade com que comes!
Mas eu penso e, ao tirar o papel de prata, que é de folha de estanho,
Deito tudo para o chão[2], como tenho deitado a vida.)

Mas ao menos fica da amargura do que nunca serei
A caligrafia rápida destes versos,
Pórtico partido para o Impossível.
Mas ao menos consagro a mim mesmo um desprezo sem lágrimas,
Nobre ao menos no gesto largo com que atiro
A roupa suja que sou, sem rol, pra o decurso[3] das coisas,
E fico em casa sem camisa.

(Tu, que consolas, que não existes e por isso consolas,
Ou deusa grega, concebida como estátua que fosse viva,
Ou patrícia romana, impossivelmente nobre e nefasta,
Ou princesa de trovadores, gentilíssima e colorida,
Ou marquesa do século dezoito, decotada e longínqua,
Ou cocote[4] célebre do tempo dos nossos pais,
Ou não sei quê moderno — não concebo bem o quê —,
Tudo isso, seja o que for, que sejas, se pode inspirar que inspire!
Meu coração é um balde despejado.
Como os que invocam espíritos invocam espíritos invoco
A mim mesmo e não encontro nada.
Chego à janela e vejo a rua com uma nitidez absoluta.

---

1   Metafísica: **aqui, tem o sentido de filosofia.**
2   Deito tudo para o chão: **jogo tudo no chão.**
3   Decurso: **sequência.**
4   Cocote: **cortesã, prostituta.**

Vejo as lojas, vejo os passeios, vejo os carros que passam,
Vejo os entes vivos vestidos que se cruzam,
Vejo os cães que também existem,
E tudo isto me pesa como uma condenação ao degredo,
E tudo isto é estrangeiro, como tudo.)

Vivi, estudei, amei, e até cri,
E hoje não há mendigo que eu não inveje só por não ser eu.
Olho a cada um os andrajos[1] e as chagas e a mentira,
E penso: talvez nunca vivesses nem estudasses nem amasses nem cresses
(Porque é possível fazer a realidade de tudo isso sem fazer nada disso);
Talvez tenhas existido apenas, como um lagarto a quem cortam o rabo
E que é rabo para aquém do lagarto remexidamente.

Fiz de mim o que não soube,
E o que podia fazer de mim não o fiz.
O dominó[2] que vesti era errado.
Conheceram-me logo por quem não era e não desmenti, e perdi-me.
Quando quis tirar a máscara,
Estava pegada à cara.
Quando a tirei e me vi ao espelho,
Já tinha envelhecido.
Estava bêbado, já não sabia vestir o dominó que não tinha tirado.
Deitei fora a máscara e dormi no vestiário
Como um cão tolerado pela gerência
Por ser inofensivo
E vou escrever esta história para provar que sou sublime.

Essência musical dos meus versos inúteis,
Quem me dera encontrar-te como coisa que eu fizesse,
E não ficasse sempre defronte da Tabacaria de defronte,
Calcando aos pés a consciência de estar existindo,
Como um tapete em que um bêbado tropeça
Ou um capacho que os ciganos roubaram e não valia nada.

Mas o Dono da Tabacaria chegou à porta e ficou à porta.
Olho-o com o desconforto da cabeça mal voltada

---

1   Andrajos: farrapos.
2   Dominó: fantasia usada em bailes de máscara.

E com o desconforto da alma mal-entendendo.
Ele morrerá e eu morrerei.
Ele deixará a tabuleta, eu deixarei versos.
A certa altura morrerá a tabuleta também, e os versos também.
Depois de certa altura morrerá a rua onde esteve a tabuleta,
E a língua em que foram escritos os versos.
Morrerá depois o planeta girante em que tudo isto se deu.
Em outros satélites de outros sistemas qualquer coisa como gente
Continuará fazendo coisas como versos e vivendo por baixo de coisas como tabuletas,
Sempre uma coisa defronte da outra,
Sempre uma coisa tão inútil como a outra,
Sempre o impossível tão estúpido como o real,
Sempre o mistério do fundo tão certo como o sono de mistério da superfície,
Sempre isto ou sempre outra coisa ou nem uma coisa nem outra.

Mas um homem entrou na Tabacaria (para comprar tabaco?),
E a realidade plausível cai de repente em cima de mim.
Semiergo-me enérgico, convencido, humano,
E vou tencionar escrever estes versos em que digo o contrário.

Acendo um cigarro ao pensar em escrevê-los
E saboreio no cigarro a libertação de todos os pensamentos.
Sigo o fumo como uma rota própria,
E gozo, num momento sensitivo e competente,
A libertação de todas as especulações
E a consciência de que a metafísica é uma consequência de estar mal disposto.

Depois deito-me para trás na cadeira
E continuo fumando.
Enquanto o Destino mo conceder, continuarei fumando.

(Se eu casasse com a filha da minha lavadeira
Talvez fosse feliz.)
Visto isto, levanto-me da cadeira. Vou à janela.

O homem saiu da Tabacaria (metendo troco na algibeira das calças?).
Ah, conheço-o: é o Esteves sem metafísica.
(O dono da Tabacaria chegou à porta.)
Como por um instinto divino o Esteves voltou-se e viu-me.
Acenou-me adeus gritei-lhe *Adeus ó Esteves!*, e o universo
Reconstruiu-se-me sem ideal nem esperança, e o Dono da Tabacaria sorriu.

Esse longo poema, escrito em 15 de janeiro de 1928, é um dos mais famosos da literatura portuguesa. É um poema filosófico, que expressa uma angústia existencial e uma profunda meditação sobre a vida. Álvaro de Campos é o homem moderno para quem a vida é solidão. Não há mais a segurança das crenças religiosas ou das filosofias. A ideia de felicidade é uma ilusão. Ele se sente só no meio do universo indiferente. Do seu quarto, isto é, do seu mundo, olha para uma "rua inacessível a todos os pensamentos": simbolicamente, vemos um ser humano diante do insolúvel mistério do universo.

ESTÁTUA DE FERNANDO PESSOA NA CALÇADA EM FRENTE AO CAFÉ *A BRASILEIRA*, EM LISBOA, ONDE ELE COSTUMAVA SE REUNIR COM AMIGOS. AGORA, É UMA LEMBRANÇA INESQUECÍVEL NA PAISAGEM DE LISBOA.

© Sylvain Sonnet/Corbis/Latinstock

SUGESTÕES DE ATIVIDADES

Para aprofundar seus conhecimentos sobre a obra de Fernando Pessoa e o período em que ele viveu, apresentamos, a seguir, algumas sugestões de atividades que podem ser feitas individualmente ou em grupo, sob a coordenação do professor de literatura.

1. Sarau literário: Fernando Pessoa em voz alta
Sugerimos que os alunos se organizem em grupos para uma atividade de leitura dramatizada dos textos mais importantes dos três heterônimos de Fernando Pessoa. Os grupos devem escolher os textos de um heterônimo e, após a leitura, explicar a relação que há entre esses poemas e as características do heterônimo. Para tornar a leitura mais expressiva, podem ser usados vários recursos, como fundo musical, projeção de imagens numa tela etc.

2. Painel de arte moderna
Por meio de uma pesquisa na internet, os grupos devem selecionar obras de arte que ilustram cada um dos principais movimentos de arte que revolucionaram o panorama artístico do fim do século XIX e começo do XX. Cada grupo pode ficar responsável por um determinado movimento. Depois, preparar uma apresentação de *slides* que deve ser feita na sala de aula, acompanhada de explicações. Pedir a colaboração do professor de Artes para a realização dessa atividade.

3. Jogral com a poesia de Mário de Sá-Carneiro
Esse poeta foi um grande amigo de Fernando Pessoa, que sentiu muito sua morte precoce. Eles participaram da revista *Orpheu* e tinham muitas afinidades literárias. Sugerimos que sejam formados vários grupos de alunos para intepretarem, sob a forma de um jogral, poemas de Mário de Sá-Carneiro. Depois de cada apresentação, os grupos devem expor sua interpretação do poema escolhido.

4. A Lisboa de Fernando Pessoa
Pesquisar na internet fotos que mostrem os locais de Lisboa que se relacionam com a vida de Fernando Pessoa e organizar uma apresentação sob forma de *slides* em sala de aula.

5. A filosofia de Epicuro e os poemas de Alberto Caeiro

Apresentar um resumo da vida de Epicuro, antigo filósofo grego, e selecionar alguns de seus pensamentos, relacionando-os com os poemas de Alberto Caeiro. Pedir a colaboração do professor de filosofia para a realização dessa atividade.

6. Fernando Pessoa em vídeo

Cada grupo deve ser encarregado de criar um vídeo que mostre imagens que se relacionem com a narração, em *off*, de um poema de Fernando Pessoa "ele mesmo" ou de um de seus heterônimos. Os grupos devem justificar a escolha das imagens, explicando a relação que elas têm com o conteúdo do poema escolhido.

7. Eu, Fernando Pessoa

Baseando-se nas informações e nos poemas presentes neste livro, criar um monólogo em que o próprio poeta se apresente para falar de sua vida e de sua literatura. Seria interessante se vários alunos pudessem se apresentar diante dos colegas para que estes comentassem e comparassem as interpretações.

8. Criação de um mural

Pesquisar e selecionar versos de Fernando Pessoa para a montagem de um mural em sua homenagem. Esse mural pode ser exibido na sala de aula ou em algum outro local da escola.

9. A arte de Almada Negreiros

Esse artista plástico foi muito atuante na época de Fernando Pessoa, de quem foi amigo. Pesquisar e selecionar algumas de suas obras para montar um painel sobre sua carreira artística. Esse painel pode ser apresentado sob forma de *slides* projetados em sala de aula. Pedir a colaboração do professor de Artes para a realização dessa atividade.

10. Fernando Pessoa em inglês

Uma parte da obra de Fernando Pessoa foi escrita em inglês, língua que ele aprendeu e logo dominou durante os anos de estudo na África do Sul. Pesquisar e selecionar alguns de seus poemas para leitura em voz alta na sala de aula. Pedir a colaboração do professor de inglês para a realização dessa atividade.

Douglas Tufano é formado em Letras e Educação pela Universidade de São Paulo. Professor por muitos anos em escolas públicas e particulares, é também conhecido autor de várias obras didáticas e paradidáticas dirigidas a estudantes do Ensino Fundamental e Médio, nas áreas de Língua Portuguesa e de Literatura Brasileira e Portuguesa.